錢穆先生全集

中國歷史精神

［新校本］

錢穆先生全集

九州出版社

圖書在版編目（CIP）數據

中國歷史精神 / 錢穆著 . -- 北京：九州出版社，2011.7（2023.11 重印）
（錢穆先生全集）
ISBN 978-7-5108-0982-8

Ⅰ.①中… Ⅱ.①錢… Ⅲ.①文化史 - 中國 Ⅳ.①K203

中國版本圖書館 CIP 數據核字（2011）第 086436 號

中國歷史精神

作　　者　錢　穆　著
責任編輯　周弘博
出版發行　九州出版社
裝幀設計　陸智昌　張萬興
地　　址　北京市西城區阜外大街甲 35 號
郵　　編　100037
發行電話　（010）68992190/3/5/6
網　　址　www.jiuzhoupress.com
印　　刷　三河市東方印刷有限公司
開　　本　635 毫米 ×970 毫米　16 開
插頁印張　0.5
印　　張　13.25
字　　數　149 千字
版　　次　2011 年 7 月第 1 版
印　　次　2023 年 11 月第 3 次印刷
書　　號　ISBN 978-7-5108-0982-8
定　　價　54.00 元

中國歷史精神

錢穆

錢穆先生手迹

錢穆先生印·錢穆

新校本說明

錢穆先生全集，在臺灣經由錢賓四先生全集編輯委員會整理編輯而成，臺灣聯經出版事業公司一九九八年以「錢賓四先生全集」為題出版。作為海峽兩岸出版交流中心籌劃引進的重要項目，這次出版，對原版本進行了重排新校，訂正文中體例、格式、標號、文字等方面存在的疏誤。至於錢穆先生全集的內容以及錢賓四先生全集編輯委員會的注解說明等，新校本保留原貌。

九州出版社

出版說明

一九五一*年春，錢賓四先生在臺北應國防部高級軍官組特約講演，前後共七次，每次兩小時；分別講述史學精神和史學方法、中國歷史上的政治、經濟、國防、教育、地理與人物、道德精神七題。錄音整理後，由先生修潤以成本書。

中國歷史源遠流長，其間治亂興替，波譎雲詭，常令治史者望洋興歎，有無從下手之憾；而初讀史者，亦每苦於重點之難以把握，以故望而卻步。先生在本書中，以其淵博之史學涵養、敏銳之剖析能力，解此難題，俾讀者得窺中國歷史文化之堂奧。藉由本書深入淺出之敍述，讀者可在短期間內獲得較完整之歷史概念，更有助於深入瞭解五千年來歷史精神之所在，從而認清此一代中國人所背負之歷史使命及應當努力之方向。

一九五二年七月，本書由印尼耶加達天聲日報印行，為該報叢書第一種。後以臺、港兩地行銷未

*新校本編者注：原文為「民國」紀年。下同。

廣，讀者覓購不便，先生乃於一九五四年一月就原書字句略加刪潤，並於第四講增入一節，交由國民出版社在臺出版。

一九六三年夏，先生應臺北國防研究院之邀，講演兩次，成稿兩篇：一、中國文化與中國人；二、從中西歷史看盛衰興亡。一九六四年，先生復將本書略加修潤，並增附該兩篇講辭，在香港再版印行。一九六五年又在臺北再版。一九七六年十二月，本書改由臺北東大圖書公司在臺出版。

今編全集，又得先生早年舊稿中華民族歷史精神及晚明諸儒之學術及其精神兩文，以其作意與本書相近，因增附於書後。增稿在目錄中加注＊號，以資識別。

本書之整理，以東大修訂本為底本，改正若干誤植文字，版式與分段並另作調整。標點符號之整理，主要在加入私名號、書名號及重點引號，以便利讀者閱讀。整理排校工作，雖力求慎重，然錯誤疏漏之處，在所難免，敬希讀者不吝指正。

本書之整理，由胡美琦女士負責。

錢賓四先生全集編輯委員會　謹識

目次

附錄

序

本稿係一九五一年春在臺北應國防部高級軍官組之特約講演，前後共分七次，每次兩小時，由臺北廣播電臺臺長姚君善輝當場派員錄音，事後由楊君愷齡就錄音片整理，並得姚君善炯之襄助，獲成初稿。再由講演人略事修潤，大體保留講演之原面目。本稿旨求通俗，略陳大義，於歷史事實，未能多所援據。拙著有與本稿所講可互相闡證者，計有下列之諸種。

國史大綱

國史新論

中國文化史導論

文化學大義

中國思想史

政學私言

中國歷代政治得失

儻蒙閲者就上列各書參合讀之，當更明瞭本講演之精神及其理論根據。

一九五一年雙十節錢穆誌於香港九龍之新亞書院

前言

諸位先生：今天本人感覺非常榮幸，非常高興，諸位在自己職務很忙中，抽暇來聽我講中國歷史。本人年輕時，是一個失學的孤兒，未能從先生好好進學校。記得在四十四、五年前，我尚為一小孩子，那時便常聽人說中國快要滅亡了，快要被瓜分了，我們中國就要做印度、波蘭之續，被西方列強滅亡瓜分。當時聽到這種話，就感覺到這是我們當前最大的問題。究竟我們國家還有沒有前途呢？我們的民族，究竟還有沒有將來呢？我常想這個問題若得不到解決，其他問題不值得我們再考慮了。

恰巧在那時，我讀到了一篇文章，就是梁任公先生的中國不亡論。他認為中國是決不會亡國的。我讀了這篇文章，無異如在黑暗中見到了一線光明，刺激我，鼓勵我，中國還有前途，民族還有將來，我們中國人的人生還有其意義和價值。但我在那時一般的悲觀空氣瀰漫局面之下，還不能眞切相信梁先生的話。我還是懷疑，中國究竟能不能不為波蘭、印度之續，而不被滅亡和瓜分呢？

當時，我只希望梁先生的話可信，但還不敢眞信梁先生的話。因為要能證明梁先生這句「中國不亡」的話，才使我注意到中國的歷史。我總想知道一些已往的中國。我常想，我們要知道明天將來的事，總該先知道一些昨天過去的事。這樣經過了四十多年，直到今天，這一問題，始終盤旋在我心中。到今回想，這四十多年的中國，也實在依然是黑暗混亂，內憂外患，使人悲觀。但對梁先生「中國不亡」這四個字，開始在我只是一希望，隨後卻變成了信仰。

我認為中國不僅不會亡，甚至我堅信我們的民族，還有其更偉大光明的前途。證據何在呢？我敢說，我這一個判斷，固然是挾著愛國家、愛民族的情感的成分，然而並不是純情感的，乃是經過我長期理智的檢討，而確實有其客觀的證據的。這證據便是中國已往的歷史。所以我自己常說，我此四十多年來對中國歷史的研究，並不是關門研究某一種學問，而是要解決我個人當身所深切感到的一個最嚴重不過的問題。

今天我對中國歷史的看法，在我自己，已像是宗教般的一種信仰，只要有人肯聽我講，我一定情願講出我知道的一切。這一次總政治部要我來講中國歷史，我當然非常地高興。以後七次時間，準備分為七個題目來講述。

一、史學精神和史學方法。
二、中國歷史上的政治。
三、中國歷史上的經濟。
四、中國歷史上的國防。
五、中國歷史上的教育。

六、中國歷史上的地理與人物。
七、中國歷史上的道德精神。

第一講　史學精神和史學方法

一

人類的知識，雖說千門萬戶，浩瀚無涯。扼要講，可以分為兩大類：一是屬於自然的，一是屬於人文的。整個世界一切現象，也不外乎這兩大類。自然指的是屬於人以外的一切，人文指的是屬於人類社會本身的一切。當然人生亦是自然中一部分，但我們站在人的立場，應該看重人生自己的地位，所以我們將整個世界分為「自然」「人文」兩大類，也並無不合自然處。

因為此兩大對象之不同，我們求獲關於兩大類知識的方法也不同。

據常識講，自然開始是沒有生命的，純物質的，後來慢慢兒在自然中間產生了生命，慢慢兒又在生命中間產生了心靈。從有了心靈，才又產生了歷史。我們研究自然科學，最基本的應該先懂得數學與幾何，這些都是屬於抽象的，只講數量與形式，這是一個本身空洞而又能概括一切的學問。然這是只對自然科學而言是如此的。若我們講到人文科學，則不可能拿數學、幾何的數量形式來概括，應該把人生已往一切實際而具體的經驗，綜合到幾個可能到達的最高點，這就成為歷史知識了。所以「歷史」是研究人文科學一種最基本的學問，正如數學與幾何之對於自然科學般。

試進一步再詳說歷史的內容：

歷史是什麼呢？我們可以說，歷史便即是「人生」，歷史是我們全部的人生，就是全部人生的「經驗」。歷史本身，就是我們人生整個已往的經驗。至於這經驗，這已往的人生，經我們用文字記載，或因種種關係，保存有許多從前遺下的東西，使我們後代人，可以根據這些來瞭解，來回頭認識已往的經驗，已往的人生，這叫做「歷史材料」與「歷史記載」。我們憑這些材料和記載，來反看已往歷史的本身；再憑這樣所得，來預測我們的將來，這叫做「歷史知識」。所以歷史該分三部分來講：

一為歷史本身。

一為歷史材料。

一為我們所需要的歷史知識。

如果我們要把已往整個人生的全部經驗，完全地記錄保留下來，這是不可能的事。人生很繁複，又是很遙遠，過去的一去不留了，我們能憑甚麼方法，把已往的全部人生保留下來，記錄下來呢？這既不可能，也是不需要。我們只求在已往人生中，擇其特別重要的，保留記載，使我們得根據這套保留和記載，來瞭解過去的經過，那就已够了。然而這也依然極艱難，這需有一套精卓的技術。第一先要能「觀察」，能觀察然後能記載。正像一切自然科學者，也先從觀察開始，才能有所記錄的。

我們研究歷史，既是包括人生的一切經驗，我們該先懂得運用某一套的眼光來觀察，然後才能得到某一種瞭解。瞭解以後纔能開始有記載。如我們沒有一套觀察人生的修養，也就無法瞭解此人生，即就不可能將人生的一切恰當地記載了。根據這一點來講，可見史學不僅是在保留人類已往的經驗，而實際是要觀察瞭解全部的人生，來求得其中的意義和價值，然後才能成為一種恰當的歷史記載。史學正是保留人生經驗，發揮全部人生中的重大意義和價值，以傳諸後世，使後世人能根據這一番經驗，來作為他們人生的一種參考和指導的。所以我們可以說，歷史是人生全部經驗的「總記錄」和「總檢討」。

二

不過也許有人要講，過去的人生，在歷史上不可能重演。秦始皇、漢武帝過去了，不會再來一個秦皇始與漢武帝。舊的已經完了，我們要向前獲得新的。歷史既成過去，我們如何能憑藉以往歷史的經驗和其意義，來指導我們將來的人生呢？這裏面有一個極大的問題，我應該再申說。

我認為就歷史講，歷史上的「時間」，與我們普通指說的時間有不同。歷史上之所謂「過去」，我們可以說它並未眞過去；歷史上之所謂「未來」，我們也可以說它早已來到了。倘使我們照這樣來講歷史上的時間：前一段時間既未過去，後一段時間又早來到。換言之，歷史時間有它一種「綿延性」，在瞬息變化中，有它凝然常在的一種「特殊性」。

讓我用一個簡單例子來講。如我今天到此講演，現在已經講了半小時，但我可說這半小時並未眞過去。如果這半小時眞過去了，不存在了，那麼我講的下一句話諸位將一定聽不懂，或是不瞭解。我們要瞭解聽懂下一句話，定要銜接著上面講的一路聽下來。所以說，過去的半小時並未眞過去。而我這下面的一句話，此刻雖沒有講出，但必然會講出的。今天預定要講演兩小時，下面這一小時半的話雖未到來，而確實已到來。但須有待於此番講演內容逐步的開展。一切歷史演變都如此。所以說：「歷史時間過去的未過去，依然存在著；未來的早來到，也早存在著。」惟在此時間中，必有其內容演變，而始成其為歷史。

歷史是我們人生的經驗，人生的事業，而事業必有其「持久性」。故凡屬歷史事件，都是一種具有持久性的事件。那些事件，不僅由過去持續到現在，而且又將持續到將來。我們研究歷史，並不是說只要研究這事件的過去；而實是根據過去，來瞭解現在。不僅如是，而還要知道到將來。歷史事件是一種遠從「過去」透過「現在」而直達「將來」的，有它「一貫」的一種歷史精神。

諸位此刻來到臺灣，臺灣已經日本統治了五十年。今天臺灣是光復了，我們在臺灣的一切所見，不僅是看見今天的臺灣，還看見日本人五十年來所統治的臺灣，這是臺灣日治時代五十年來的歷史。如果我們不瞭解日本人統治臺灣五十年的過去，也就無法瞭解臺灣的今天。由此可知，日本統治臺灣五十年的歷史，仍然存在於今天，不可能抹殺，不可能取消。日本統治臺灣五十年，這段歷史不可磨滅，確實存在到今天。推此言之，中國人自己團結成一個民族，創造成一個國家，五千年到今天了，請問！若我們不瞭解過去的五千年，又何能瞭解今天的中國？

如果你是別一個星球上的旅客，驟然來到這地球，縱然你能認識這地球上人使用的文字，你能瞭解這地球上今天報紙所講的是怎麼一些事嗎？不要說你是從別一個星球而來的旅客，就算你得了一場病，在醫院裏睡了三年，沒有同世界上任何消息接觸過，你驟然讀到今天的一張報紙，也將十句九不懂。這不是你不認識報紙上的文字，不懂得這許多句子，而是你不瞭解這一段歷史。因於不瞭解以往的歷史，所以也根本不能瞭解這現在。我們這一個「現在」，就是整個歷史中之一面，從全部歷史演變開展累積到今天。這一種演變開展，是我們所要講的歷史的本身。

所以歷史是一種經驗，是一個生命。更透澈一點講，「歷史就是我們的生命」，生命不可能由半中間切斷，不能說我今天的生命和昨天無涉。我今天的生命，是我以往生命之積累演變開展而來的剎那的平面層。而又得剎那剎那演變開展到下一平面層。我以往的生命，實在並沒有過去。過去了，就是死了。我們的生命則沒有死，不僅保留到今天，而且必然還得有明天。生命一定會「從過去透過現在直達到未來」。要瞭解歷史時間，必先瞭解這一個意義。

孟子書中有一句話，可用來講這一意義。它說：「所過者化，所存者神。」所經過的一切都化了，所保留存在的卻是神而莫測。歷史上一切經過都化了，有的沒有了，但它化成了今天。今天的一切還要化，這個化便孕育了將來。過去、現在、未來一切都在「化」，卻又一切「存在」，所以說是「神」。要能過去透達到現在，才始是有生命的過去；要能現在透達到將來，纔算是有生命的現在。這才可說它有歷史的精神。有了這精神，才能形成為歷史。如果過去的眞過去了，不能透達到現在，這是無生命的過去，就沒有歷史意義，沒有歷史價值了。如果我們只有今天而沒有了明天，這個今天，也就沒有歷史意義和價值。我們一定要有明天的今天，這個今天，才是歷史的今天。歷史就是要我們看這一段人生的經驗，看這一番人生的事業，直從過去透達到現在，再透達到將來。人生的意義即在這裏，人生的價值也即在這裏。我們要講的歷史精神，就要把握這一點，從過去透進現在而直達將來的，這就是我們的生命。只有生命才有這力量，可以從過去透進現在而直達將來。

所以歷史時間不是物理學上的時間，不是自然科學裏的時間，這一秒鐘過去了，那一秒鐘還沒有來；這一秒鐘是現在，那一秒鐘是將來，可以指說分別。人文科學裏的時間，有一個生命在裏面，從過去穿過現在而逕向將來，它是一以貫之的。這一個生命，這一個力量，就叫做人生。這樣的人生才成了歷史。歷史是一種「把握我們生命的學問」，是「認識我們生命的學問」。

再進一步說，這一生命，也並不是自然的生命，而是歷史的生命；不是物質的生命，而是精神的生命。一個人活了一百年八十年，這只是自然生命，一個國家和一個民族，他們的一部歷史，可以活上幾千年，這是文化的生命，歷史的生命。

我們該瞭解，「民族」、「文化」、「歷史」，這三個名詞，卻是同一個實質。民族並不是自然存在的，自然只能生育有人類，不能生育有民族。中國人必然得在其心靈上，精神上，真切感覺到「我是一個中國人」。這一觀念，由於中國民族的歷史文化所陶冶而成，卻不是自然產生的。所以「民族精神」，乃是「自然人」和「文化意識」融合而始有的一種精神，這始是「文化精神」，也即是「歷史精神」。只有中國歷史文化的精神，才能孕育出世界上最悠久、最偉大的中國民族來。若這一個民族的文化消滅了，這個民族便不可能再存在。目前世界上有許多人類，依然不成為一民族；也有許多民族，在歷史上有其存在，而現在已消失無存。這關鍵在那裏呢？即在於他們沒有了文化。

我們可以說，沒有一個有文化的民族，會沒有歷史的；也沒有一個有歷史的民族，會沒有文化的。同時，也沒有一段有文化的歷史，而不是由一個民族所產生的。因此，沒有歷史，即證其沒有文化；沒有文化，也不可能有歷史。因為「歷史」與「文化」就是一個「民族精神」的表現。所以沒有歷史，沒有文化，也不可能有民族之成立與存在。如是，我們可以說：「研究歷史，就是研究此歷史背後的民族精神和文化精神。」我們要把握這民族的生命，要把握這文化的生命，就得要在它的歷史上去下工夫。

前面已經講過，沒有民族，就不可能有文化，不可能有歷史。同時，沒有文化，沒有歷史，也不可能有民族。個人的自然生命，有它自然的限度，然而民族、文化、歷史的生命，則可以「無限」的持久。凡屬歷史生命與文化生命，必然有兩種特徵：

一是變化，

一是持續。

變化的便不持續，持續的即不變化，自然界現象是如此。氫二氧變成水，便不再有氫與氧。但我們的文化生命，則在持續中有變化，在變化中有持續，與自然現象絕不同。講歷史，便要在持續中瞭解其變化，在變化中把握其持續。所以講歷史應該注重此兩點：一在「求其變」，一在「求其久」。我們一定要同時把握這兩個精神，纔能瞭解歷史的眞精神。所以說「鑒古知今」「究往窮來」，這纔是史學的精神。

史學是一種生命之學。研究文化生命，歷史生命，該注意其長時間持續中之不斷的變化，與不斷的翻新。要在永恆中，有日新萬變；又要在日新萬變中，認識其永恆持續的精神。這即是人生文化最高意義和最高價值之所在。

三

我們從這一點來看中國歷史，只有中國歷史最長久，而且也只有中國歷史的內容最廣大。縱的方面，是上下五千年；橫的方面，是包括占地面積最廣、人口最多的一個歷史範圍與歷史系統，這即可證明中國歷史價值之偉大。而且，中國可說是世界上一個史學最發達的國家。中國人很早便知道記載歷史，這即證明了中國人很早便懂得觀察人生。能瞭解人生的意義和價值，纔能開始有歷史記載。而且中國人記載歷史的方法，又是最高明最科學的。

舉一個例來說，中國歷史記載至少已經有二千年未曾中斷過，全世界便沒有第二個例可相比。中國歷史的本身，既是如此廣大而悠久；加以記載的詳備，既有條理，又能客觀，這即證明中國民族對人生經驗有其更深的瞭解。如對人生沒有深切瞭解，又如何會有如此客觀的記載呢？換一句話說，這即是中國文化該是極有價值的好證。否則中國也就不會有這樣大的民族，這樣悠久的歷史存在呀！因此我們可以說，一定是中國的歷史本身，有它一種很高的價值。可惜今天我們對此發揮不出來。今天我們的責任，也就在能回頭來發揮中國以往歷史的精神。

倘使我們要研究自然科學，世界上已有很多高明的科學家，有很多觀察精密的記錄，與很多的實驗，我們該先注意到。倘使我們要研究世界人類文化，研究世界人生已往一切的經驗，最可寶貴的一部史料，就要推到中國史。換言之，就是中國的文化。中國史和中國文化，至少是記載了世界上一部分極廣大的戶口，在五千年來的長時期中的演變。縱使中國國家亡了，民族完了，這一部歷史，還是將來人類研究人文科學一項最可寶貴的史料。這應該絕對不成問題的。你看歐洲人不是很多在研究巴比侖、埃及等以往歷史文化遺跡嗎？

但更可惜的，是我們今天的中國人，卻又是最缺乏歷史知識的。甚至對本國已往歷史，也已一無所知了。論歷史本身，中國最偉大；論歷史記載，中國最高明；但論到歷史知識，則在今天的中國人，也可說最缺乏。對於自己國家民族以往歷史一切不知道，因於其不知，而產生了輕蔑和懷疑，甚至還抱著一種厭惡反抗的態度，甚至於要存心來破壞，要把中國以往歷史痛快地一筆勾銷。如何會產生出這樣一種變態心理和反常情感的呢？這實在值得我們來作一番詳細的追尋。

上面說過，在世界上各國家各民族中，中國是一個最愛好最尊重歷史的民族。但經滿清統治二百六十年，中國史學已經漸趨衰亡。我們知道，要滅亡一個國家，定要先滅亡他們的歷史；要改造一個民族，也定要先改造他們的歷史。猶如要消滅一個人的生命，必先消滅他的記憶般。滿洲人入主中國，第一步存心就在打擊中國史學的精神。史學精神所最該注重的，是現代的歷史，不是古代的歷史。滿洲人統治中國二百六十年，逼得中國人對現代史沒有興趣了，縱有研究歷史的，也都講古代，不敢講現代。只有考史，不敢再著史和寫史。從前野史、私史一類著作，在中國本極盛行的，在清代卻沒有這風氣。直到最近，革命成功了，沒有革命史；抗日勝利了，沒有抗日史。這豈不就證明今天中國的史學精神早經毀滅嗎？

我們知道，沒有歷史的知識，就等於沒有民族的生命。既然歷史就是我們整個的人生經驗，所以只要你談到民族，談到人生，是無法不談到歷史的。因此今天的中國人，雖然最缺乏的是歷史知識，卻又最喜歡談歷史。一切口號，一切標語，都用歷史來作證。如辛亥革命，我們就說「打倒二千年來的專制政治」；新文化運動，我們就說「打倒孔家店」，「廢止漢字」，「一切重新估價」，「打倒二千年來的學術思想而全盤西化」；共產黨來了，口號是「打倒二千年來的封建社會」。可知我們雖不研究歷史，但講話喊口號，仍都是指對歷史的。

然而這些話，這些口號，我要誠懇的請問諸位，究竟在歷史上，有沒有它眞實的憑據呢？中國從秦始皇到清宣統，二千年來，是不是一種專制政治呢？你說是的。我卻要問你，根據何在？你的根據自然應在歷史上，但你讀過了那些史書嗎？你所說的專制，是怎樣的內容呢？中國一部二十四史，你在那裏尋出此「專制」二字來的呢？我想這「專制」二字，也不過是今天的我們給我們以往歷史的一句統括的批評話。但這個批評的根據何在呢？請你舉出這一個負責的史學家的名字，和這一位史學家的著作來。否則我們怎能根據一些捕風捉影道聽塗說的話，來武斷以往二千年的歷史呀！

又如：我們今天所提倡的考試制度，這在中國史上，已存在了一千多年了。我請問，怎麼在專制政府之下，會有考試制度呢？又如：我們今天所提倡的監察制度，在中國也有二千年的歷史了。怎麼在一個專制政府之下，又會有監察權的呢？我們知道，有歷史，一定會有變，怎麼中國二千年來的政治，卻單獨一些也沒有變的呢？是不是「專制」二字，便可以概括盡了此二千年來的中國政治呢？這「專制」二字，用在提倡革命，推翻滿清政權時，作一個宣傳口號，是有它一時之利的。但從遠處看，歪曲歷史，抹煞眞實，來專便一時之宣傳，卻是弊過於利的。正因為這一宣傳，使我們總感覺中國二千年來，就只有一個專制黑暗的政治。

但試問這麼一個國家，這麼廣大的人口和土地，怎樣二千年來，可以永遠受著專制黑暗的統治，而不懂得起來革命和造反的呢？諸位試想，一個皇帝，居然憑仗他那一套專制政治，能統治這樣大的土地，這樣多的人口，經歷幾百年才換一個朝代，又那樣地統治下去了，誰為他們創造出這樣一套制度來的呢？這套專制的制度，豈不值得我們仔細研究嗎？

當時宣傳的人，也未嘗不知這些話不近情理的，於是又改口說，「二千年來的中國人，全是奴隸根性」。好像這樣便可以告訴我們，中國的專制政治為何可以推行了兩千年。但又試問，二千年奴性的民族，再有何顏面，有何權利，在此現代世界中要求生存呢？於是又改口說，「這都是孔子的罪過，中國人都上了孔子的大當，我們該打倒孔家店，全盤西化」。但又試問，二千年來的中國學術思想，其真實罪狀究在那裏呢？於是又改口說，「中國社會只是一個封建的社會，我們要改造中國學術思想，該先打倒這中國二千年來相傳的社會」。則試問，「封建」二字究作何解釋呢？所謂「封建社會」者，究竟是怎樣的一個社會呢？你總不能把你所想打倒的，便一律稱之為「封建」。封建是一個歷史的名辭，你既未詳細讀過歷史，而亂用歷史名詞，又如何不鬧出大亂子來呢？

這五十年來，老實說，我們並沒有歷史的知識，這我們可以反問自知。然而大家偏要拿歷史來作理論的根據，偏要把歷史來作批評對象，刻意要利用歷史，又刻意要打倒歷史。卻不知打倒歷史，就等於打倒整個民族的生命，打倒整個文化的生命。試問，若真打倒了過去，如何還能有將來呢？俗話說：「從前種種譬如昨日死，以後種種譬如今日生。」這話是靠不住的，不能認真的。倘若從前種種果眞昨日都死了，今日種種也便不可能再生。我們該痛切覺悟：我們現在的生命在那裏？現在的生命就在過去，在未來；過去的生命在那裏？在現在，在將來；將來的生命在那裏？在過去，在現在。

中國這一個民族的生長，國家的創造，到今天已有五千年之久。一部中國史，就是民族和國家的生成史。它有了五千年的生命，我們何能一筆抹殺？今天大家的所以悲觀，就在要一筆勾銷這五千年歷史而終於勾銷不掉它。今天中國之所以還能有樂觀，也就在這一部五千年的歷史之不可能勾銷。

今天的中國，我們只可說它生了病，生了一種「文化病」。有生命的不能沒有病。生了病，須尋求它病源。不能說你有病，因為你有生命，要消滅了生命，才能消滅你此病。試問，世間有沒有這樣的醫理？我們不能不承認近代中國生了很重的大病，但要醫這個病，該先找它病源。我們不能說病源在生命之本身。我們只能用生命力量來克復這個病，不能因病而厭棄生命，埋怨生命。也不能見一概百，因一個人不遵守時間，便說中國人從來沒有時間的觀念。如果這樣說，試問這是講的某幾個中國人呢？還是講的全體中國人？還是講的歷史上從來的中國人？或是講的現代的中國人？若就歷史論，我敢告訴諸位，歷史上的中國人，不能說全沒有時間觀念，例證太多，恕我不能在此一一列舉。所以我認為今天的我們，批評中國，指斥中國，都是在講歷史，而實際則都不是歷史。只把眼前的病態來當整部歷史看，這是最大一錯誤。

當知生命和歷史，都是帶著過去走向將來的。但不是直線向前，它中間盡可有曲折，有波浪。正如一個人的生命，有時健康，有時病了。就是西方國家，也不能例外。他們的歷史，一樣有昂進，有墮落。一樣是在曲線波浪式的向前。有時他們在昂進，我們在墮落；有時他們在墮落，我們在昂進。雙方曲線也並不是平行的。我們總不能拿此兩根曲線，單就目前的橫切面，來判斷二者間之高下優劣。正如不能拿兩個人某一天的健康情形，來衡量此兩人體質的強弱。我們應該詳細檢驗此兩人身體的全部，以及以往的經過狀態，纔能瞭解此兩人健康之比較。新的國家，從舊的歷史裏產生；新的生命，從舊的記憶中建立。若只想推翻舊歷史，那未必能創造新生命。眼前這五十年的中國，還不够做我們的教訓嗎？

四

現在說到研究歷史的方法，我想簡單說幾句。根據上面所講：研究歷史，應該從「現時代中找問題」，應該在「過去時代中找答案」，這是研究歷史兩要點。

剛才講過，歷史雖過去，而並未眞過去。歷史的記載，好像是一成不變；而歷史知識，卻常常隨時代而變。今天我們所要的歷史知識，和乾嘉時代人所要的不同。因為現實環境不同，所面對的問題不同，所要找尋的答案自然也不同。一個國家，歷史最長久，最完備，應該要找答案也最容易。

我且說近代西方的三位史學家，一是黑格爾，一是馬克思，一是斯賓格勒。這三人都出生在德國。但德國實在是一個很可憐的國家，他們歷史太短了，簡直可說是沒有歷史吧！在黑格爾出生時，德國尚未完成一個現代的德意志。黑格爾的歷史哲學，因他並不能像中國人般有極長極詳的歷史材料，可讓他憑仗來形成他精美的哲學。所以他並不根據歷史來講哲學，而是根據哲學來講歷史。他說整個人類的歷史，就是一部「精神逐步戰勝物質」的歷史。人類歷史之開展，等如太陽之自東而向西。因此人類文化演進，也就遵循此方向，而由東向西了。中國最在東，所以它的文化，是第一級最低級的文化了。向西到印度，而波斯，而希臘，而逐步到德意志，始到達了人類文化的最高峯，以下便沒有了。試問，世界人類的全部歷史演進，那有如此般簡單的？那會眞照著黑格爾一人所幻想而構成的那一套哲學理論來開展向前的？而且人類歷史，難道眞如黑格爾想法，一到德國興起便登峯造極了嗎？黑格爾並不曾講準了歷史，然而以此刺激起德意志民族，提倡「大日耳曼」主義，促成了偉大德意志「帝國」之崛興。但是連續兩次世界大戰，德國都失敗了，我們也可說，問題就出在黑格爾這一套歷史哲學上。

第二個史學家馬克思，他本是猶太人，他內心根本沒有所謂「國家觀念」，他又不承認黑格爾那一套精神逐步戰勝物質的玄想。但依然遵照黑格爾歷史哲學的舊格局，來改造成他的「唯物史觀」的新哲學。他並不注重國家興亡，民族盛衰，以及文化個性，而只注重在社會形態的變遷上，想把來找出一共同的公式。他說歷史必然由「奴隸」社會到「封建」社會，又到「資本」主義的社會，然後變成為「共產」主義的社會。正同黑格爾的由中國而印度、而波斯、而希臘、而日耳曼民族一樣，歷史總在一條線上向前。換言之，即是依照他個人所幻想的一條線而進行。再往下也同樣沒有了。試問，人類歷史，是不是到共產社會出現，也就完了呢？

第三個是斯賓格勒，他在第一次大戰前後寫了一本書，取名西方的沒落。他說任何民族，任何文化，都脫離不了「生、老、病、死」的過程。如古代巴比侖、印度、埃及、波斯、希臘、羅馬，都曾有一段光輝的文化和歷史，現在都完了。他因此預言西方文化也快要沒落，又說德意志之後或將是蘇維埃。這一說法，給我們近代中國的史學家看見了，卻是正中下懷。因近代我們的史學家，早存心認為中國歷史該沒落，該完了。但何以中國五千年文化，到今仍還沒完呢？這不是斯賓格勒的話錯了嗎？於是我們近代的新史學家說：「不，斯賓格勒不會錯。中國文化到秦朝興起，實際早已是完了。」又有人說：「中國秦以前是第一段文化，秦漢以後是第二段，唐朝以後又是另一段。舊的中國文化死了，新的又另產生。到此刻，則唐朝以來的文化也完了，也沒落了。」但我們仍要問，何以向來我們沒有知道有第一期的中國人、第二期的中國人、和第三期的中國人的分別呢？我們只知道僅有一種中國人，一種中國文化，和一部中國史。其間儘可有變化，但確不如斯賓格勒之所想，因為中國文化實在至今猶存呀！

上述近代西方三大史學家，為什麼他們的話，都會說錯了呢？這也很簡單，正因為他們所憑藉的歷史材料太不够，因此他們的歷史智識和其所謂歷史哲學者，也連帶有問題。我們有著五千年歷史，所以我們中國人對人生，對文化歷史，本有極高的經驗，甚深的陶冶。現在我們卻把他拋在一旁，只要外國人講的話，便誠惶誠恐地奉為圭臬，認為如天經地義般該尊信。今天我們要反對馬克思的「唯物史觀」，又希望擡出黑格爾來打倒馬克思。其實在黑格爾眼裏，中國文化最低級，再不該有存在的地位和價值。黑格爾看中國如此般無知，並不會看整部人類歷史便絕對地高明呀！若我們也照自己中國歷史來看德國，他們民族到底太幼稚，經驗太淺，勝利了沒有把握，失敗了更沒有把握，原因正在他們歷史太短，沒有深長的認識和經驗，印入這一民族的心中。所以近代的德意志，不到一百年，便已兩度短命。推廣言之，近代西方的自然科學雖發達，可是對歷史文化，對人生經驗，我認為有些處仍是及不到中國。

但近代是西方人在領導這世界，這已有兩百多年了。歐洲文化控制了全世界，這是眼前事。不要認為歐洲文化便可永久地領導統治這世界。第一次、第二次世界大戰，一切問題並未得解決，第三次世界大戰仍懸在人人的心上。為什麼？戰爭並不是人類所希望，而像終於不能免，這便是近代西方文化本身犯了病。緊接著幾次大戰爭，西方文化控制領導世界的時期便快過去了，「帝國主義」與「殖民政策」都該宣告終止了。中國這五十年來，開始學德、日，後來學英、法、美，後來又學德、意，今天又要學蘇俄。西方的，我們都學遍了，但也都碰壁了。要學的學不到，要打倒的，自己五千年來的文化、歷史、政治、社會的深厚傳統，急切又是打不倒。這是近代中國最大的苦痛，也是最大的迷惘。今天以後，或許可以「迷途知返」了。所有學人家的路都走完了，回過頭來再認識一下自己吧！

今天以後的世界，將是一個解放的世界，不要爭論「資本主義」抑或「共產主義」是將來文化的正統。這雙方的對立，便是近代西方文化發展出的一個病症，而表現了兩種相反的病態。今天並不是說西方文化一定沒落，它應有它將來的生命。但這並不便是我們的生命呀！我們要解決我們自己的問題，該回頭來先認識自己。因為一切問題在自己的身上，解決也要在自己身上求解決。

若要認識自己，則該用沉靜的理智來看看自己以往的歷史。中國歷史知識的復活，才是中國民族精神的復活，才是中國傳統文化精神的復活。到那時，中國才能眞正地獨立自存了。否則思想學術不獨立，國家民族不會能獨立，不會有出路。一個全不瞭解自己歷史的民族，決不是有大好出路的民族。

今天大家正又熱烈地要講「民主」，中國若要眞民主，也不在學西洋，該回頭來認眞學學中國自己的老百姓。在今天中國老百姓身上，卻保存有中國五千年來歷史的舊傳統與眞精神。這是中國歷史活生生的生命之具體的表現。但我們若眞要瞭解今天中國的老百姓，便該要瞭解五千年來的中國史。不瞭解中國史，又怎能瞭解今天中國這四萬五千萬的老百姓呢？你不瞭解德國史，你怎能瞭解德國人？你不瞭解俄國史，你怎能瞭解蘇聯人？你想拿外國的理論方法和意見來硬敲入中國老百姓的腦子裏去，這又那裏是民主精神呀！而且將是一件永遠不可能的事。即使全不知道歷史的人，也該首肯吾此言。

第二講　中國歷史上的政治

一

政治問題可稱是人類文化中很重要的一部門，如果政治有辦法，此外許多問題也較有辦法，政治問題不能有好解決，社會就不可能存在。

我們先從西洋史上的政治來和中國的作一個大體的比較，不是比較其優劣，而是比較其「異同」。中國政治，是一個「一統」的政治；西洋則是「多統」的政治。當然中國歷史也並不完全在統一的狀態下，但就中國歷史講，政治一統是常態，多統是變態；西洋史上則多統是常態，一統是異態。我們還可更進一步講，中國史上雖在多統時期，還有它一統的精神；西洋史上雖在一統時期，也還有它多統的本質。

一般人多說，秦以後才是統一的中國。但就實際論，秦以前中國早已統一了。我們可說，秦以前為「封建的一統」，秦以後為「郡縣的一統」。

我們對於夏、商二代雖不詳知，但周代封建，顯然由一個中央製定制度，而向全國去推行。當時由周天子向外分封很多諸侯，這很多諸侯共同擁戴周王室，所以可稱是「封建」的一統。西周式微了，王室威權解體，不久有齊桓、晉文之霸業興起，他們以「尊王攘夷」為號召，「尊王」是尊的政治一統。直到戰國時代，纔始變成了眞正的多統，這是說上面更沒有一個頭腦存在了。經過了二百多年，秦人起而統一，繼之為漢，為三國，而至于晉，「一統是常」，「多統是變」。五胡亂華，北方成了多頭，但不久即為北魏所統一，繼之為東、西魏為北齊、北周。南方由東晉，而宋、齊、梁、陳。就南方論南方，則只有一個頭，仍是一統。就全中國論，則南北各有一個頭，但仍都在爭取自己為中國政治的正統，可見在多統下也仍未失掉一統的精神。其後隋唐迭興，中國又成為一統。唐末五代之亂，只僅幾十年，即有宋代起而統一。宋時北方有遼有夏，南宋時有金，也可說是多統，但在多統中仍有一統精神之存在。宋是正統，代表「常」。遼、金、夏是偏統，代表「變」。不僅後代人如此看，當時人心理也都如此看。其後元、明、清三代，中國都是一統。所以說中國歷史，一統是常態，偶而在多統政治下，始終還有一個要求一統的觀念之存在。

西方與中國春秋略同時的是希臘，希臘是一個很小的半島，在這半島上，只有許多分裂的「城市」，沒有一個希臘國，也沒有一個統一希臘的中央政府。當時的希臘人，實在認為這種多頭的不統一的城市政治纔是常態，一到馬其頓統一，反而是變態了。希臘以後是羅馬，相當於中國的漢代。羅馬政府雖是一個大一統的政府，然而羅馬是一個「帝國」，帝國是一種向外征服的國家，這種國家裏面，有「征服」者與「被征服」者之分。羅馬是征服者，羅馬之外有意大利、有希臘、有環繞地中海的其他被征服地。羅馬的統一，譬如把幾條線綰結成一個頭，因此說它在一統形態下還有多統的本質。秦漢時代的中國，卻不好算是帝國，因其沒有征服者與被征服者之嚴格區分。同樣是中國人，都在同一政府下受著平等待遇，所以是「眞一統」。帝國則僅有一統的形式，而包含著多統的內容。被征服的希臘、埃及等，不能就認為是羅馬人，羅馬政府並不就是他們的政府。其後蠻族入侵，羅馬帝國崩潰，歐洲進入了中古時期的「封建社會」，這和中國史上西周封建絕不同。他們當時根本就是多頭的，沒有一個一統的政府。當時曾希望憑仗宗教勢力來組織一個「神聖羅馬帝國」的統一政府，也終於失敗了。於是乃有西方現代國家興起，如英、法、德、意等。

以上是從平面空間來講，現在用直線時間來講。中國自從夏、商、周，以迄現在，仍是一條線的「中國人之中國」。西方則開始為希臘人，轉而為羅馬人，為北方的拉丁人、日耳曼人、斯拉夫人，直到今天，他們腦海中，依然我們是英國人，或是法國人，或是德國人。就文化上講，或許他們都覺得大家是歐洲的白種人；但就政治講，仍是多頭的，有極高的堡壘，極深的鴻溝，無法混合。

所以中國人受其幾千年來的歷史薰陶，愛講「傳統」，西方人則根本不知有所謂傳統。無論就時間講，或空間講，他們都是頭緒紛繁，誰也不肯承認接受了誰的傳統。也有人說，中國今天，就吃虧在這「一統」上，西方人也就便宜在其「多頭」上。這話對不對，我們暫可不論。但我們先要問，專就政治講，究竟應該是一統的呢？還是多頭的呢？這在理論上，是一個政治系統的問題，是一個政治機構的問題。我們姑不說中國對，西方的不對；但我們也決不該說西方的對，而中國的不對。除非站在純功利立場，憑最短視的眼光看，我們纔會說政治是該多頭的。

二

據我個人看法，就政治論政治，希臘不會比春秋時代好；羅馬也不會比漢代好；西方中古時期更不會比唐代好。即使在今天，我們也不能說西方歐洲列強分峙一定比中國的國家一統好。但今試問，如何在歷史上，中西雙方，會有其政治形態之絕然相異的呢？這因為中西雙方在其對「國家觀念」的理論上，根本就有所不同。因於國家觀念之不同，所以代表國家精神的「政治體制」也就不同了。

西方人說，國家的構成要素是「土地」「民眾」和「主權」。就中國人傳統觀念論，似乎從沒有想到一個國家能僅由這三要素而構成的。這三要素，在國家構成上，自然必要而不可或少的；但僅止於此三者，還不够構成一個國家。國家構成的最高精神，實不在主權上。從多統的相互對外看，主權似乎很重要；從一統的集合向內看，主權並不是構成國家重要的因素。

近代西方國家的憲法，都規定國家的「主權在人民」，這句話好像是天經地義。但我們試一推想，若使將來世界一統，成立了一個世界政府，我們能不能在憲法上說天下的主權在人類呢？這句話豈不可笑。政治本是人的事業，何須說政治主權在人？若說國家主權在人民，那麼天下主權在那裏？即此可知西方人的國家觀念，過於重視主權，實在有毛病。至少這一種國家觀念，很難透進一步而達到「天下」觀念的。

而且「主權」二字，對象是「物質」的，只是指對著某件東西而言。如說這個茶杯的主權是我的，主權在我，我可以打破它，丟掉它，或是變賣它，或是贈送給別人。主權的對象，都是指的一個物體，一件東西，一個工具，一種經濟性的使用品。我們不能說國家只是我們的工具，是我們的一件東西，我們對之可任所欲為，隨便使用。譬如一個家庭，也不該講主權誰屬。既不屬於父母，也不屬於子女。家庭不該講主權，國家也一樣不該講主權。

我們可以說，西方國家是一種權利的國家，所以認為國家代表一種主權，一種力量。憑藉國家來運用這主權和力量，以達成另外的目的，這是一種「功利的」、「唯物的」國家觀。中國人不這樣想。中國人說：「古之欲明明德於天下者，必先治其國；欲治其國者，必先齊其家；欲齊其家者，必先修其身。」個人、家庭、國家、天下，都有一個共同的任務，就是要發揚人類最高的文化，表現人類最高的道德。所以中國人的國家觀念，是一種「道德的」國家，或是「文化的」國家，所以必然要達成到「天下的」國家。

今天很多人在笑中國人沒有國家觀念，只有家庭觀念，一跳便到天下觀念了。這話似是而非。認眞講，中國傳統文化思想，也不許有個人觀念、家庭觀念的。中國人認為國家是天下的，家庭、個人也是天下的。國家只是一個機構，它有一種任務，就是發揮人類的最高文化，和人類高尚的道德精神。個人與家庭，也有此同一任務。這種任務之實現，在中國人講來便是「道」。修身、齊家、治國、平天下，就是要明道，要行道。但這一個明道、行道的基本核心，卻是在「個人」。就外面講是「道」，就個人身上講是「德」。明道、行道便是明明德和修身。用現代語來講，要發揚人類文化，發揚道德精神，達到人類所應有的最高可能的理想生活。出發點是個人，終極點是天下；家庭和國家，是此過程中兩個歇腳站。

西方人從個人直接接觸到上帝，從個人直接接觸到宇宙。所以在西方發展出「個人主義」、「宗教信仰」與「科學精神」。把個人世界與上帝世界（亦稱精神世界）自然世界相對立，所以家庭、國家都擺在第二位。中國是個人、家庭、國家到世界一以貫之，是一個人類文化精神的發揚，人類道德精神的實踐。

如上講，我們的國家觀念和國家理論，與西方根本不同，所以雙方的國家體制和政治方式亦不同。西方的國家體制，一種是希臘式的「城邦制」，一國家僅是一城市。另一種是羅馬式的「帝國制」，以一個城市為中心，憑仗武力向外征服。第三種是近代的「王國制」，由中古時期的封建社會逐漸蛻變而形成。本來這一種國家體制，應該變成民族國家的，然而西方近代王國卻始終走不上民族國家的路。他們都不是由一個民族來建立一個國家，也不是在一個國家內只包一個民族。他們全都想向外擴展，爭取殖民領土。他們政治上的所謂「民主」，只限在小圈子以內，外圍依然是些被征服者。所以近代的西方國家，實際是以希臘式的城邦制為中心，以羅馬式的帝國制為外套。除此兩種國家體制以外，還有第三種則是「聯邦制」。如英倫三島之聯合王國，及以往的奧、匈帝國，德意志聯邦，和現在的美、蘇，都是第三型。我們可以說，西方國家永久是小單位的，多頭的。

中國則從來便不然。既不是希臘式的城市國家，也不是羅馬式的帝國，又不是近代美、蘇般的聯邦國。漢朝並不是江蘇、安徽的淮河流域人征服了其他各地而永遠自成一統治集團的。中國只是中國人的中國，中央政府乃由全國人向心凝結而形成，並不是由一中心向外征服，朝對著被征服地而成其為中心的。也不是聯合幾個單位而形成的。在西方實在沒有像這樣的一種體制。

因此在中國人觀念裏，認為我們這個國家，是儘可將其範圍擴大，而達成為一「天下」的。而且在漢唐時代，因四圍的地理形態和交通限制，中國人也認為我們這一個國家，雖不完全成為一天下，而確已近乎完成一天下了。好像「治國」已接近於「平天下」了。直到今天，我們才痛切感到，中國不夠算是一個天下了。近代的中國人，常笑我們祖先不知地理，妄自尊大。但試問今天的西方人，如英國，知道其旁有一個法國了，法國知道其旁有一個德國了，今天西方人的地理知識，為什麼不能提起他們組織一個世界國家的興趣和理想呢？此無他故，只為中國人的國家觀念是「文化的」、「道德的」，西方人的國家觀念是「權力的」、「工具的」。這是一甚深相異。唯其是道德的、文化的，所以應該「一統」；唯其是權力的、工具的，所以只有「分裂」。

三

我們必先明白得雙方國家觀念和其體制之不同，纔好進一步講雙方的政治。很多人常說，西方近代政治是民主的，中國則自秦迄清，二千年來，只是由一個皇帝來專制的。這一種看法，其實是硬把中國政治列入西洋人的政治分類裏所造成。最先法國政治學家孟德斯鳩，根據他所知道的西方歷史來講世界上的國家體制。他認為國體有兩種：

一種是民主國家，沒有皇帝的。

一種是君主國家，有皇帝的。

政體也分兩種：

一種是立憲政體，有憲法的。

一種是專制政體，無憲法的。

如是則政府形態可以歸約為三類：

一為「君主專制」。

一為「君主立憲」。

一為「民主立憲」。

孟德斯鳩的話，根據他當時所知西方國家的政體來分析，大體是正確的。但他並不了解中國，中國政體不能歸納到這三範疇之內。中國有君主，沒有一部像西方般的憲法，但也並不是專制。這句話，好像奇怪，而並不奇怪。我只是根據着中國歷史上的實際政治情況而講其是如此。譬如今天的蘇維埃，它豈不沒有皇帝，有憲法，而並不是民主嗎？可見孟德斯鳩的分類，只是根據他當日所知而歸納出來的一套說法。今天的蘇維埃，他並不知道；以前的中國政治，他一樣不知道，宜乎他說不準。

現在我們先該研究：中國政府究由何種人來組成的？根據一般歷史說，有的政府是用軍隊武力打來的，由此輩打天下的人來組織的政府，是「軍人政府」。有一種是父傳子，子傳孫，世代傳襲來掌握政權的，這是「貴族政府」。較早的歷史中，往往是由軍人政府過渡到貴族政府的。亦可說貴族政府和軍人政府是一而二，二而一，並不能嚴格分別的。近代西方則由中產階級興起，向上爭取政權，最先取得了議會代表權，擁護皇室，抑制貴族，以民眾代表的資格來監督政府，再進而由多數黨起來組織內閣，直接掌握政權的，這是「議會政府」。有人說這種近代民主國家的議會政府，實際則是「富人政府」，代表著社會資產階級的權利。於是又有主張聯合沒有錢的人起來奪取政權的，即所謂「無產階級專政」，這可說是「窮人政府」。歷史上的政權，大都不外這幾套。

但中國自秦漢以下的政府之組織者，則不是軍人，不是貴族，也不是富人與窮人，而主張「賢者在位，能者在職」。政府從民眾間挑選其「賢能」而組成。因為中國人對政治的傳統看法，一向認為政府不是代表一個權力，而只是一個機構，來執行一種任務，積極發揚人類理想的文化與道德的。政府的主要意義，在其擔負了何種任務，而不是具有了何種權力。因此必須是勝任的，才該是當權的。所以從秦漢起，中國就有「選舉制度」。漢代每一個青年，在國立大學（太學）畢業，回到他地方政府服務作吏，有能力，有經驗，經地方長官察舉他到中央，由中央再舉行一番考試，就正式成為政府內的一個官員。後來又限定各地方須每二十萬戶口乃推舉一個人，這是政府官員惟一的正途出身。所以當時的政府官吏，都由平民社會來。他之得官獲職，並不因其是軍人或貴族，也不因其有資產或無資產。唯一標準，因他是一個「士」，是一個「賢良的能吏」。漢代的中國政府，便這樣地由平民社會裏推選出優秀份子，在全國各地區的平均分配下，來參加而組成的。這就是中國的大憲法，政府用人的大經大典，這是皇帝所不能專制的。

唐代以後，因為這制度發生了流弊，因此採取自由報考公開競選制。社會上任何人都可以報名參加政府的考試，經過政府一種客觀的標準而錄取後，就可以參加政府任職做官。反過來說，不經過這種手續的，就不能參加政府任職做官。這是自唐至清，一千多年來的「考試制度」。所以我們說，中國歷史上由漢迄清兩千年的政府，都是由民眾組成的。既然這個政府是民眾組成的，為什麼還要由民眾來監督呢？

西方國家距離中古時期不遠，在「朕即國家」的觀念下，政府是王室的，貴族的，封建的，所以社會上的中產階級要起來爭奪政權，要求參加政府。中國自秦而後，政府早由人民直接參加而組成，即政府也就是人民自己的。我們竟可說這才是現代人所謂的「直接民權」。而近代西方之選舉代議士國會，則仍是一種間接民權啊！

四

諸位也許要問，既然政府由人民組成，為什麼要一個世襲的皇帝呢？這也由於中國本身自己特殊的要求。因中國是一個一統的大國家，國家總得有一位元首。而這位元首，在中國以往情況下，不可能經由選舉而產生。因中國一向是一個農業社會，而且土地遼濶，交通不便，若要普遍民選，這是何等的困難？而且這個元首，如要像今天西方般經三、五年改選一次，一定會動搖了整國政府的穩定。因此中國政府需要一個世襲的元首，但也只許此一元首是世襲的，其餘中央地方各級政府，一切官員，則沒有一個是世襲的。也許又有人要說，既然有一個世襲的皇帝掌握政府最高大權，這已就是專制。但我們要知道，中國政府的一切大權，並不在皇帝手中，皇帝下面有一個宰相，才是實際掌握政府最高大權的。試以唐代為例，唐代最高政令也分有三權：

一、是發佈命令權，

二、是審核命令權，

三、是執行命令權。

發佈命令的是「中書省」，審核命令的是「門下省」，執行命令的是「尚書省」。後來中書、門下合署辦公，便成為兩權。唐代政府最高命令是皇帝的敕旨，但皇帝敕旨並不由皇帝擬撰發出，而是由中書擬撰發出的。由中書發下的皇帝敕旨，又必經門下覆審。所以中書、門下兩省，在唐代政府中即等於秦漢以來的宰相。當時皇帝敕旨，實由宰相發出的，不過要皇帝畫一個「敕」字，又蓋上一個印。直到後來宋太祖乾德二年，前任宰相都去職了。（當時的宰相是委員制，不是首長制。）皇帝要下一個敕來任命新宰相，但舊宰相都去職，找不到這道敕旨的副署人，這在當時政制上是不合法的，不成其為皇帝正式的敕旨。於是這道敕旨，就發不下去。因為不經宰相副署的皇帝敕旨，是史無前例的。於是宋太祖召集了很多有法制經驗的大臣，來開會討論這問題。有人說，唐代曾有過一次未經宰相副署而由皇帝直發的詔敕，那是恰值文宗時「甘露之變」，舊宰相已經去職，新宰相尚未產生，皇帝敕旨暫由當時尚書省長官蓋印，這是由執行命令的長官來代替了發佈命令的職權。但這一提案，立即遭到反對。他們說：這是唐代變亂時的例子，現在國家昇平，何能援照？最後決定，參加宰相府會議的大臣（正如現在行政院的不兼部的政務委員），蓋章代發，於是決由當時參加政事的開封府尹趙匡義，即宋太祖趙匡胤的弟弟，蓋了一個印，才完成那一件頒布皇帝命令的手續。試問這樣的政治，能不能叫做皇帝專制呢？若我們定要算它為專制政治，那麼這種的專制政治，我們也不該一筆抹殺，也還該細細研究呀！

所以中國歷史上皇帝的上諭，其實是由宰相作主的。在唐朝，宰相擬好諭旨，呈由皇帝閱過蓋章。到宋朝，則宰相草擬意見，呈皇帝看過同意，再正式擬敕。所以唐代皇帝只有同意權，而宋代皇帝則有事前參加意見之權，因此宋朝有許多人說宰相失職了。但話雖如此說，中國皇帝對宰相擬敕也有他的反對權。而且也並不像近代英國般，把皇帝的權嚴切限定了。或許你又要說，這是中國傳統政治不够民主處。但無論如何，你卻不該說，中國歷史上的政府一向是皇帝專制呀！

再次講到朝廷之用人權，第一必須經過考試錄取，由全國各地優秀份子中考選出來，才能引用。而官員的升降，則另有一個「銓敍權」，又另外有機關執掌管理，皇帝、宰相都不能隨意錄用人、升降人。唐代官有敕授、旨授之別。那時官位計分九品十八級，五品以上官須要「敕授」，由宰相決定後經皇帝下敕任之。五品以下官則由尚書吏部決定。假使皇帝要直接下手諭派一個官，那亦未嘗沒有，但他卻不敢用宰相正式下令用的封袋，歷史上名之曰「斜封官」，這在唐中宗時有此怪例，這些官在當時是非法的，是可羞恥的。中國沒有硬性的憲法，沒有明確規定皇帝絕對不許違法的條章。一切都是些不成文的習慣法。但今天不是大家在稱道英國的不成文法嗎？而且中國也沒有像英國般把皇帝送上斷頭臺的事。但即在英國，他們也並不認為這些事是英國歷史的光榮呀！

明代是沒有宰相了。但明代派官，也有幾個辦法。內閣大學士，六部尚書，均由朝廷公開會議推選決定，有的則出皇帝的特旨。侍郎以下的官，便由吏部尚書召集三品以上官員共同推定。再下即由吏部會議推派。再以下不須推定，便由吏部開會選派。外省總督、巡撫，也由朝廷九卿公共推決，而由吏部尚書主席。布政司以下，由三品以上官會舉。所以中國人參加政府，必須經過公開考試。而官吏升降，也須經過一定的制度。唐代有人說：「禮部侍郎（相當於今之教育部次長）權重於宰相」，因為宰相必須經過禮部考試出身。沒有這出身的便做不到宰相，那何嘗是由皇帝一人專制決定呢？

至於官吏做錯事情了，政府另外有兩種的「監察權」。一部分是監察「發布命令」之錯誤的，另一部分是監察「執行命令」之錯誤的。行使這兩種職權的人，中國歷史上是御史和諫官，也即是今天監察制度的由來。「御史大夫」在漢代相當於副宰相，其下有二屬官：

一為「御史丞」，監察外朝，負責代宰相監察政府各級機構的官吏。

一為「御史中丞」，處於內廷，是代表宰相監察皇室與宮廷的。他職位雖低，卻可監察到最高的皇帝，這也是中國傳統政治裏一個微妙之處。因為由宰相直接監察皇帝，易於遭惹君相衝突。所以由皇帝任命宰相；宰相任命御史大夫，御史中丞又是御史大夫之下屬，但他的職任卻在監察皇宮內廷之一切，那豈不是一個微妙的安排嗎？

監察制度到唐代，乃有「臺」「諫」之分。臺官是「御史臺」，專負監察百官之責；「諫官」則專對天子諫諍得失。諫官乃宰相之屬僚，御史臺則係另一獨立機構，並不關宰相直轄。照唐代習慣，宰相謁見皇帝討論政事，常隨帶諫官同往。如遇皇帝有不是處，諫官可以直言規正，這同時也可以避免皇帝與宰相直接衝突，故而雙方在此設了一緩衝。諫官是小職位，以直諫為職，「直言極諫」是盡職，不會得罪的。即使得罪了，小官不足惜，而因此隨後得升遷的大希望。這些都是中國傳統政治裏運用技巧的苦心處。

宋代的監察制度遠不如唐代。那時規定臺官、諫官均不由宰相推薦，於是諫官不再為宰相的屬僚。御史限於彈劾違法與不盡職，其職權是專對政府官吏的。諫官則職在評論是非，本意要他對皇帝諫諍。到宋代，諫官反變為不與皇帝為難，而轉移鋒鋩來和宰相為難。因此宰相身邊反而多出了一個掣肘的機構。諫官不再如唐代時幫助宰相，在皇帝之前評論皇帝是非，反而在宰相之旁評論宰相的是非。諫官既職司評論，即使評論錯了，也不算違職犯法，而且不諫諍即是不盡職，於是政府中橫生了一部分專持異見不負實責的份子，形成了諫官與政府之對立，亦即諫官與宰相之對立。神宗以後，因諫官習氣太橫，是非太多，激起了政治上反動，大家都不理會他們，逐漸在政府內不復發生作用。到明代，則索性把諫官廢了，只留「給事中」。

唐代給事中是宰相屬員，屬門下省。宰相所擬詔旨，由他們參加審核，認為詔旨有不當處，可以封還重擬。那是中國歷史上之所謂「封駁」。在明代，給事中職權獨立了。明代廢去宰相，政府最高命令，由皇帝直接發下，內閣大學士的職權只等於皇帝的秘書處。那時執行命令的尚書省，也把長官廢了。六部尚書，吏、戶、禮、兵、刑、工各自獨立，皇帝命令直向各部尚書頒發。但在各部中，卻各有「給事中」若干員，論其職位，只如今之科員，是極低微的，但皇帝詔旨，他們卻有權參加意見，在當時謂之「科參」。而且每一給事中，都可單獨建議，不受旁人牽制。詔旨經他們反對，都可附上駁正意見，將原旨送部再核。如是則皇帝的出令權，依然有了限制。

所以中國的傳統政治，既非皇帝一人所能專制，也非宰相一人所能專制，更不是任何一個機關、一個衙門所能專制，那是有歷史的詳細記載可以作證的。

那末中國政府是否全沒有皇帝專制的呢？這又不然。元、清兩代，他們都是異族入主，有意違反中國的傳統政治。元代較黑暗，清代較高明，但其厲行專制則一。然如上述的考試制度，在元代雖有名而無實，但清代則依然循行不廢。至於「相權」、「諫權」、「封駁權」等，用來限制皇帝的，在清代一概不存在，至少是有名無實了。西洋人來中國，只看見清代。今天的中國人不讀歷史，也不知清代故事，只隨著西洋人說話，因此大家說中國政治是專制的。積非成是，我來述說歷史眞相，反而認為是故發怪論了。

五

今天還須提到一點，或許諸位會感覺得更奇怪的。很多人常說：「西方講法治，中國講人治，我們該效法西方人提倡法治精神。」但若根據中國歷史看，我卻說中國政府是法治的，西方政府才是人治的，這話如何講呢？

西方人所謂「法治」，其實主要只有一條法，就是「少數服從多數」。今天多數贊成便成法，明天多數贊成別一意見了，那別一意見就是法。多數是「人」，法隨人轉，所以是「人治」。中國傳統政治最講法，一個法訂定了，誰也不能變動。田賦制度規定了一定的稅額，往往推行到數百年，皇帝不能變，宰相不能更，管理徵收田賦的有司只知依法執行，誰也不能變動它。西方則不然，皇帝想收多少稅，便收多少，於是迫得民眾起來反抗，質詢他為何要收這麼多，應該給我們知道收去的錢是如何地化用？此即西方「議會」之緣始。

中國政治的毛病，多出在看法太死，人受法縛，所以說「有治人無治法」，只想要把傳統的「尚法」之弊來改輕。西方政治是動的，前進的，根據多數人意見，隨時可以改變。中國政治是穩定的，滯重的，不易變，不易動。今天中國人都知道討厭文書政治，這亦是中國傳統尚法之流弊，卻還要提倡法治，所謂以水濟水，以火濟火，實是沒有弄清楚中國歷史上傳統政治之真面目，真性質。一般言之，小國宜人治，大國宜法治，中國政治之偏向法治，也有它內在的原因。

尚有一點應該提出一講：西方政治是卑之無甚高論的，很平易，很通達，只多數人認為是，便是了。他們的最高理論在教堂裏，耶穌說：「凱撒的事情凱撒管，上帝的事情由我管。」這就是說：「政事由皇帝管，道理由上帝管。」待到羅馬帝國崩潰，凱撒沒有了，於是皇帝也要經過教皇加冕，那豈不是凱撒的事也要由上帝來管了嗎？而上帝的道理是教人出世的，又如何來管理世間事？於是發生了宗教革命，政權、教權再分立。

今天西方，一面是「個人自由」，服從多數；一面是「信仰上帝」，接受上帝的教訓。近代西方人卻漸感覺得政治上有時也不能專服從多數，但教堂裏的最高理論在上帝，政治上的最高理論呢？在西方除卻服從多數外，還是沒有，於是希脫勒、史太林之流應運而生，再來一個政教合一，成為他們近代的「極權」政治。我們對此固然要反對，但我又不得不問，多數政治就對了嗎？若論道理，有時多數的並不對，少數的並不就不對。所以今天西方政治是只講「主權」，不講「道理」的。若講道理，反而成為極權政治了。他們的道理，一向由上帝來講，由教堂來代表。所謂「國民教育」，只教如何做一個「公民」，卻不教如何做一個「人」。「大學教育」是傳授「智識」的，謀求「職業」的，也不重在教人做人的。做人的道理歸誰教？那是教堂裏牧師的責任。所以在西方，上帝只教人，不管人；凱撒只管人，不教人。若要管教合一，在中古，是神聖羅馬帝國的理想。在此刻，是德、蘇的極權政治之眞義。教人的事也由凱撒管，在上者的主義和理論，不僅要你依政治立場來服從，而且要依宗教傳統來信仰。信仰了政府，再也不許你信仰上帝。所以他們的極權政治則必然要「反宗教」。

中國政治卻另有一套理論。這一套理論，既不在凱撒，也不在上帝，而在學校和讀書人。政府只是學術的護法者，中國傳統向來主由「學術指導政治」，決非由政治來指導學術的。因於崇尚學術，故必「選賢與能」，學術是不能憑多少數來判定是非的。然則中國傳統政治有無缺點和毛病呢？當知世界自有歷史，古今中外，任何一種政治，都不會十全十美，都該隨時修正改進。隔了幾十年或幾百年，都該大修正，大改進。政治是現實的，應該迎合潮流與時俱進的。我上面所講，只是歷史上中國政治之眞相。

六

這裏我要特別提出孫中山先生的「三民主義」。三民主義一方面匯合了世界近代新政治思想的三大潮流。如英、美、法的民主政治，固然有很多長處，但也有缺點。就理論講，法國大革命起源於盧梭之民約論，他說政府主權由社會公意交與，假使民衆不贊成此政府，可以把主權收回。可是沒有一個歷史家，眞發現了像盧梭所謂「民約」的社會。盧梭的說法，實是一種並無歷史憑據的空論。又他的「天賦人權」說，顯然近於宗教性，但那裏眞有上帝賦我們以主權呢？近代他們的憲法，常說國家主權在民衆，但試問若沒有了國家，民衆主權又在那裏呢？若說每人要「平等」，要「自由」，實際上，那又何嘗可能呢？民主政治下的平等自由，都是「有限」的。

一個國家和政府，並不單有主權便够，還該有它的「理想」。所以一個僅是權力的國家，並不是一個最合理想的國家。民主政治既不能表現它圓滿的理想，遂有共產主義起來，想聯合世界上無產階級來推翻他們近代傳統的代議政治和主權國家了。照理論：共產主義是接近世界性的，而民主政治則易於封閉在各個國家之內。但今天英美社會，經濟繁榮，國民知識程度高，政治又早上軌道，他們有能力來反對共產主義。如是經濟落後，國民知識程度低，民主政治的基礎不够，一經共產宣傳，便沒有辦法抵抗了。這正因近代西方民主政治無論在理論上，實行上，也仍有弱點。所以第一次世界大戰後，才會產生了希脫勒與墨索里尼，他們要推倒當時在他們國內盛行的共產主義，於是提出了「民族和國家主義」來做口號。今天法西斯、納粹是打倒了，個人自由是誠可寶貴的，但我們對無產勞苦大眾也應該十分注意的，對於「國家」「民族」「歷史」「領袖」諸概念，在政治上，也同樣不可全部否認其價值。在近代西方，此三大政治思想潮流，實也是各有長短，各有得失的。

孫中山先生的「民族主義」，顧及了民族、國家、歷史、文化、領袖諸要點。「民權主義」接近民主政治。「民生主義」有一部分接近共產主義。但民生主義是生理的，共產主義是病理的。民生主義不抹殺個人，不抹殺經濟以外其他文化的各部門，不純粹以唯物史觀階級鬪爭作理論。中山先生把近代西方三個政治思潮匯起來，一鼎三足，合則見其利，分則見其害。他又同時承襲了中國傳統政治的長處，於三權分立外，再加上考試、監察二權。又特別提出「權」「能」分職之理論，權在民眾；能在政府。把民眾比作劉阿斗，把政府比作諸葛亮。叫人民把一切政權交給與政府，這是中國歷史傳統下「選賢與能」的政治理想之新修正。西方民主政治若稱之為「契約政權」，則權能分職的五權憲法應叫做「信託政權」。孫中山雖採用了西方的民主政治，而在理論和精神上，都把來變通了。

這裏更有一點要講的：西方人生觀的出發點是近於主張「性惡」的。宗教上的最高信仰，主張人類生來帶有罪孽，因此一面要信賴上帝，一面要看重法律與契約。此刻若除卻宗教不尊信，而單講像西方般的重法觀點，則將和中國韓非的理論相似。中國傳統對人生觀的出發點主張「性善」，因此信託了那個被信託的人，所以行政、立法、司法、考試、監察五權，都可歸屬於政府。這是甚合中國傳統以「職任」來看政府，不以「權力」來看政府的傳統觀念的。

我們若要採取西方的新潮流，配合中國的舊傳統，自己按照時代要求，另創造一套新的政治制度，在這四十年來，只有孫中山先生的三民主義，是可以當之無愧的。他的理想，和其主張內容，縱說不能全無修正地實現，或許有更超卓的意見會繼續地出現，但必然仍將要採用世界新潮流，配合自己舊傳統，來創成中國自己的一套政治和其理論，才能救中國，這是絕對無疑的。決非是美國的政治和其理論能夠救中國，也決非蘇俄的政治和其理論能夠救中國。

中國要求「民族」和「國家」之獨立，則必須先求「思想」和「政治」之獨立，這又是決然無疑的。否則今天學甲國，明天學乙國，決不是中國的出路。中國政治將來的新出路，決不全是美國式，也決不全是蘇俄式。跟在人家後面跑，永遠不會有出路。我們定要能採取各國之長，配合自己國家實情，創造出一個適合於中國自己理論的政治。這四十年來，只有孫中山先生有此偉願，有此卓識，值得我們崇敬。

第三講　中國歷史上的經濟

一

經濟是人生一個「基本」問題，它是人生中很重要的一部分。若使經濟問題不得好解決，其他一切問題都將受影響。可是經濟問題並不包括人生的整個問題，也不能說經濟問題可以決定人生其他的一切問題。我認為經濟在全部人生中所佔地位，消極的價值多，積極的價值少。缺少了它，影響大；增加了它，價值並不大。譬如一個人要五百元維持一月的生活，缺少了一百元，對整個生活影響大；但增多了一百元，則此一百元之價值決不能和缺少的一百元相比。甚至經濟上無限增加，不僅對人生沒有積極價值，或許還可產生一種逆反的價值，發生許多壞處。個人如此，整個社會世界亦復如此。所以經濟價值是「消極的多於積極的」。換言之，經濟只是人生中少不得的一項「起碼」條件。若論經濟情況的向上，卻該有其一定比例的限度。由整個文化、整個人生來看經濟，經濟的發展是應有其比例的「限度」的。倘若個人或社會，把經濟當作唯一最重要的事件與問題，那麼這個人的人生決非最理想的人生，這社會也決非最理想的社會。

馬克思的「唯物史觀」，認為經濟可以決定一切，全部人生都受經濟條件的支配，這一理論，就今天西方世界來說，未嘗沒有它部分的眞理。但是這個眞理，已是病態的眞理。我們若眞受經濟問題來支配決定我們的一切，這一個人生，這一個社會，這一段歷史，這一種文化，已經走上了病態。馬克思的理論，是在西方社會開始走上病態後纔產生的。因此他講人類社會演進，完全在經濟問題上著眼。他說：「人類社會從封建社會走向資本主義的社會。」這樣講法，至少有兩個缺點：

第一，他只能講通半部西洋史。中古時期的歐洲，是一個封建主義的社會；近代歐洲，是一個資本主義的社會，這算是對了。可是以前，還有很長的一段。在希臘、羅馬時期，馬克思說它們是奴隸社會，這話便太牽強。單拿「奴隸社會」四個字，包括不盡希臘的文化人生和羅馬的文化人生之顯然不同處。我想馬克思是先研究了近代歐洲社會，再推到中古時期，認為是由封建社會轉成資本主義的社會，這算是對了。再向上推，而仍要單從「經濟」一觀點來講西方全部歷史，就有些說不通。

此刻我們單根據他後半一段來講，封建社會有兩個階級之存在，一是「貴族」階級，一是「平民」階級。這裏有該特別注意的一點，西方的貴族階級，不全是政治上的公爵侯爵等，同時還有教會，也等於封建大地主。這一社會漸漸演變，到近代都市興起，乃有新的工商業，所謂「中產階級」，起來向上面的封建貴族爭取自由，爭取政權，造成現代資本主義的社會。他們講個人平等信仰自由，結果造成了「資產階級」和「無產階級」間經濟上的「不平等」和「不自由」。馬克思在一百多年前的倫敦，看到當時種種工業生產之不人道，經濟上的不平等，發表他的「資本論」、「唯物史觀」、「階級鬥爭」一套的理論。他說：資本愈集中，無產階級愈擴大，中產階級便不可能存在。無產階級經過了資本主義的嚴格管理，他們有知識，有訓練，有組織，只要擴大的無產階級團結起來，推翻資產階級，這個世界就變成了無產階級專政。可是大家都說馬克思這個預言失敗了。照他的理論，應該在資本主義極度發達的國家，纔愈容易引起無產階級的反動。今天共產主義並不產生在美英等國，而產生在經濟落後的俄國。

實在馬克思預言也並不錯。我們若不把各個國家分開單獨看，而從整個世界的共通處去看，由於資本主義個人自由的經濟發展，在國內固造成有產、無產階級之對立，但由資本主義之向外發展而成為帝國主義之殖民侵略，卻使國內窮的不太窮，富的更富了。但就整個世界言，正如希脫勒所講，有許多變成「有」的國家，有許多變成「無」的國家，如是則並不是在一國之內變成為有產階級與無產階級之對立，而是在整個世界上分成了「有」的國家與「無」的國家之對立。俄國正是一個經濟落後的「無」的國家，所以列寧要補充馬克思所沒有強調的一句話，即是「打倒帝國主義」，這只是馬克思預言的局部修正。

今天的世界，若沒有更好的方案，終不免會產生「有」的國家與「無」的國家的鬥爭。這是說明了今天的西方，已經走上了經濟問題成為最主要問題的時代，這根本是一個病態的時代。馬克思確實指出了近代西方的病態，但共產主義並不能解決這個病。有了資本主義才有共產主義，共產主義只是資本主義發展過程中一「反動」。倘使資本主義不加修正，共產主義不可能完全消滅，這是西方現代文化一大困難。

二

今天要講的是中國歷史上的經濟問題和社會形態。照我下面所講，卻可證明馬克思理論的第二缺點。它只能講西方，不能講中國。因為中國歷史並沒有依照馬克思觀點而發展，特別重要的，中國社會乃由其他部分來領導經濟，控制經濟，而並不單純的由經濟問題來領導社會、控制社會。所以經濟問題在中國歷史上，並不佔最重要的地位。中國歷史實在比較地能把經濟安放在其「消極價值」之應有地位上。今天中國人縱然就此吃了虧，似乎一向太不注意經濟的發展。但就中國全部歷史看，經濟問題所以不成為中國社會人生惟一大問題的，乃因其有領導控制的經濟力量在。這個力量，我們要客觀地指出，平心地檢討。

第一點，中國社會與西方有一顯然不同處。西方社會常有顯明的「階級對立」，中古時代是貴族與平民，近代是資產階級與無產階級。中國在西周及春秋時，也可說是一封建社會，但與西方中古時期的封建社會不完全相同。西方中古時期，由日耳曼人南侵，羅馬帝國崩潰，政府法律一切組織解體了，社會上一個個力量便紛紛而起。他們的封建，指的是那時一種「社會形態」。中國古代封建，卻是一種「政治制度」。由天子分封諸侯，諸侯分封卿大夫，統治各地，於是造成中國古史上的「大一統」。這和西方羅馬帝國崩潰以後所造成的社會封建勢力，截然不同。中國封建形成，是「政治」的，「由上而下」；西洋封建形成，是「社會」的，「由下而上」。

現在暫不講這一點，而轉講雙方的相同處。最要是雙方同樣有兩個階級之對立，一是「貴族」階級，一是「平民」階級。所不同者，中國貴族階級是純政治的，沒有教會僧侶宗教性的貴族。西方封建社會由城市工商人發展成為中產階級，起來爭取政權，這可說是由於近代的資本主義起來推翻了封建主義。中國呢？到了戰國以後秦漢時代，封建社會消失了，不再有貴族、平民階級之對立，但也沒有資本主義之興起，這事實說明了與馬克思理論之不相符。

中國社會自秦漢以後，在一般人腦海中，並沒有「階級」，但卻有「流品」。我們可以說，秦漢以後的中國社會，是一個「流品社會」，並不是一個階級社會。中國社會上從此分為士、農、工、商四流品，亦可稱為「四民社會」。流品不是階級。若我們不明白士、農、工、商四流品，亦將不明白中國社會之特點。農、工、商三流，西方社會也有，現在我們先講「士」的一流。

平常說「士」是讀書人，這並不恰切，因中國社會向沒有禁止農、工、商人讀書。有人說「士」是知識份子，也同樣不恰切。中國人對士之一流，卻另外有一種不平常的涵義。因「士」可以參加國家考試，跑進政府，預聞政治。我們常說「士大夫」「士君子」，士是參加政府的一特殊流品。而且秦漢以後的政府，亦僅由此輩士人所組織。中國秦漢以後的政府，便變成了「士人政府」，這和封建社會裏的貴族政府絕不同。

在西方封建社會後期，工、商人興起，在先只是對政府爭取監督租稅收支，審核預算決算，而不是直接要求參政。那時的政府則仍是貴族的。這個審核機構，即是今天議會的雛型。其後因議會種種刁難，政府無法應付，乃由議會中多數黨出來組織內閣，形成了現代西方的「民主政治」。他們這一轉變，是「有錢人」起來打倒了「有權人」。

中國秦漢以後，早不是貴族政府了，參加政治組織政府的，都是平民中間的士。「士」經過了政府之察舉和考試而加入政府，這一制度，由漢武帝時代董仲舒之建議而確立。但既做了政府官吏，便該和社會平民有分別。做官後，由國家給以俸祿，理論上應該專為公家服務，再不該顧及各自的私生活了。若其再謀個人經濟，經營私家生活，則將妨礙公眾，虧負本身的職守。其餘農、工、商三流，則各自經營私生活，而負有繳納租稅的義務。

這個道理，自孔子時即開始提出。論語裏屢次說到，「士志於道，而恥惡衣惡食者，未足與議也。」一類的話。孟子也說：「無恒產而有恒心者，惟士為能。」農、工、商生活有私家經濟之憑藉，惟士則無恒產而有恒心。其精神所注在於「道」，不在私人衣食。漢武帝時規定做官人不許經商，唐代規定應考人做官人都不能兼營工商業。士人報考，必須聲明身家清白，此所謂清白，亦包有不兼營私人生產工作而言。因此中國社會上的士，其身份地位，很有些相當於佛教的和尚或外國的教士。不過和尚是要出家的。在西方，宗教與政治分途，「上帝的事由上帝管，凱撒的事由凱撒管。」傳教徒既沒有家庭，也不參加政治。而中國的士，則是不出家的，不但有家庭，還要參加政府，要顧到修身、齊家、治國、平天下一套人生的大任務。西方社會裏的最高人生理論寄託教會，中國社會的人生大道理，則寄託在士的一流。有志做士的，便不該自謀個人生活。他的個人生活該由旁人來替他解決，他則應該專為公眾服務。孟子之徒問孟子：「先生後車數十乘，從者數百人，傳食諸侯，不太奢侈嗎？」孟子說：「堯以天下讓舜，舜受了堯的天下，也不算奢侈。像我這樣，怎便算是奢侈呢？」因此中國社會上的士，是可貧可富的。

在中國，士是雙料的和尚。因西方教士和佛教和尚，不要家庭子女，不參加政治，所以說是單料的。中國的士，卻有家庭，須得仰事俯蓄，但又不准他為自己謀生活，專要他講道，假使不這樣，又如何負得起治國平天下之重任？諸葛亮做了漢相，臨終遺表說：「成都有桑八百株，薄田十五頃，子孫衣食，自有餘饒。臣身在外，別無調度，隨時衣食，悉仰於官，不別治生。臣死之日，不使內有餘帛，外有盈財。」這是中國社會士的傳統精神。積極方面要參加政治，來管公家事；消極方面不許他兼營管自己的經濟私生活。所以說他們是雙料的，至少也是半宗教性的。這是說：中國的士，至少該有一半的和尚精神。因其不經營私人產業，便和出家人無異。

一個國家的政治，交給這批人來管，這批人既是向來不考慮個人經濟，則對其整個國家的經濟，他們的思想和政策會怎樣呢?這一層，諸位自可想像及之。若使從中古時期以下的西方，全把政權交給與教會，我想至少也決不會讓社會產生此後的資本主義了。今天西方的政黨，其背後是代表着社會的資本和產業的。

中國則不然。中國社會因為有了士的一流品，它可不要宗教，它的政府也不會變成貴族政府、軍人政府、富人政府或窮人政府等，而永遠是一種「士人政府」。此乃中國社會的根本特殊點，韓愈的原道，排斥佛、老，他說：社會上只有讀孔子書的「士」，可以不從事生產，因為他是為公眾服務的。「僧」「道」並不為公眾服務，何能不事生產而依賴別人生活?因此，在一方面講，中國的士是半和尚，因其不事生產而有家庭。從另一面講，又是雙料和尚，負了治國平天下的大責任，因而又不許他經營私人生活。

中國在秦漢以後形成了士人政府，社會由士人來領導與控制。所以我對兩漢社會，稱它做「郎吏社會」。兩晉南北朝，稱它做「門第社會」。唐代以後，則稱它為「科舉社會」。這是完全著眼在「士」的一流品之轉變上來劃分的。這完全和西方不同。若把馬克思理論來分析中國社會，顯然是牛頭不對馬嘴，必然如隔靴搔癢，搔不著眞癢處。

三

現在再講到中國社會中之農、工、商三流品。

中國社會也可稱是一個「農業社會」，因農民佔了國家最多的戶口，農村是中國最廣的基層。要講中國的農民生活，必須先講到「土地」問題，這是中國歷史傳統上一個最重要的經濟問題。所謂土地問題，便是講土地的「主權」問題。土地的所有權，應該是國家公有呢？還是由農民私有？

中國在封建時代就有井田制度，「井田制度」和「封建社會」是不可分離的。井田制度乃是封建政治下一個重要的節目。井田就是土地國有。當時說：「普天之下，莫非王土，率土之濱，莫非王臣。」照法理講，全國土地都是天子的。天子分封給諸侯，諸侯分封給卿大夫，卿大夫再平均分配給農民耕種使用，便形成了井田制度。土地開始分配，以九百畝劃分九個單位，由八家承耕，每家分種一百畝。當時似乎尚無像後世租稅的觀念。唯一條件是八家共同耕種那中間一百畝的一塊，把其收穫交給公家。實際上，等於公家拿了九分之一的租額。但此制後來發現了缺點，農民全把精力放在分配到的田畝上，各家的一百畝私田耕得都很肥熟，對公耕的百畝便不免荒蕪了。於是貴族地主不得不改變辦法，不再將土地分公私，全部交給與農民，而向各家徵收其十分之一的田租。這一轉變便生了問題，因把土地「所有權」的觀念改變了，漸漸地循致不再去管每家一百畝的平均分配了。他耕一百畝也好，耕一百二十畝也好，政府反正只要向他收取十分之一的租稅。政府變為「認田不認人」，不問你耕多少田，只知道按田收租，於是逐漸轉變為「耕者有其田」，將原來平均分配的精神打破了。

這樣由土地「國有」轉變到「私有」的過程中，並沒有革命暴動，也沒有任何一套明顯的理論來鼓吹，若把西方眼光來看中國歷史，這是難以瞭解的。這像後來印度佛法傳入中國，到唐代已變成為中國的佛學，這是宗教上一大革命，然而也並沒有像西方宗教革命般的顯然爭持和流血殘殺。可見中國歷史並不是沒有變，而是在很和平的狀態下很自然地變了，一幕一幕在不知不覺地變，沒有很鮮明的劃分。這是中西歷史形態不同。究極言之，亦是中西人的性格不同，乃至中西文化精神之不同。

但「耕者有其田」也有一大缺點，因為土地所有權既歸私有，耕者便可自由處置變賣土地，社會上便形成有貧富不均的「兼併」現象：「富者田連阡陌，貧者無立錐之地。」但在政府租稅制度上，則一向保持輕徭薄賦的傳統。孟子理想中的租稅額是十分取一，但漢代田賦規定是十五分取一，實際徵收只三十分之一。唐代更輕，只合四十分之一。這是全國一致的。但有些農民並得不到好處，他們對地主繳租要高到百分之五十，或更高。國家法令雖寬，農民並不全受到實惠。王莽因此主張變法，把全國土地收歸國有，重新分配，這叫做「王田」。王莽用意並不壞，但社會經濟問題，並不是政府一道命令可以解決的。王莽「土地國有」的政策，卻完全失敗了。

從東漢末年到三國，全國大亂，地方政府解體，土匪盜寇四起，農民無法生存，便去依靠大門

第。壯丁編為大門第的自衛隊，這叫做「部曲」。大門第再圈占土地分配給部曲戶，有的是部曲戶携獻土地給大門第，在不打仗的時候，仍由部曲戶耕種。這些土地，現在則並不歸農民所有，也不屬於國家，而歸入部曲主的掌握中。農民配到土地，自備牛和農具的，可獲歲收百分之四十。由地主借給牛和農具的，只能得到百分之三十，更酷的只有百分之二十。當時國家的軍隊因沒有了田租，遂也沒有了餉源。曹操時有謀士策劃實行「屯田」制度，軍隊於空閒時派田耕種。照法理論，田地是公家的，抽出百分之三十至四十的生產作為餉糧，其餘繳回政府。在那時，全國幾乎只有軍隊，沒有農民了。軍隊又分兩種，公家的是「屯田兵」，私家的是「部曲」，都由軍隊耕種自給。當時地方長官如縣令郡守都沒有了，全變成為屯田都尉。兩漢時代是由農民擔任義務兵役的，現在則由軍隊擔任義務農作。晉代得了天下，軍隊復員為農民，但田糧仍和從前一樣徵收到百分之六十至七十，這是中國歷史上最高僅見的租額，也是中國歷史上農民最痛苦的時代。只有今天號稱為代表工農階級的共產政府，卻曾明令規定田租最高不超出百分之八十。

南北朝時，北魏始創立「均田」制，這一變動，又是由租稅制度之變動而影響到土地制度。當時政府收租為百分之六十，大地主收租也只百分之六十，因此一般農民，均不願當國家公民，而寧願做大地主私屬的佃戶。因做大地主的佃戶，遇窮困時還可向地主借貸。做了國家公民，窮困時會告貸無門。所以當時政府的戶口册上公民甚少，大都依歸大門第下為「蔭戶」，這亦可說是一種變相的封建社會了。北魏孝文帝雖是鮮卑人，但他卻懂得根據中國歷史，改變賦稅政策，把田租額減輕到略等於漢代，如是則農民都願改報戶籍轉為國家的公民。但政府同時也放寬限度，允許大門第可以依照一般公民的分配額，多耕十倍或幾十倍面積的田，這是所謂「占田」。這是直從東漢末年以來土地制度上一番大改革，但也在和平過程中完成了。

唐代沿襲北魏均田制而成為「租庸調」制，大體仍和均田制差不多。這制度的好處，一是田地平均，二是租額輕減，但不久此制又失敗了。任何一種制度之推行，必須有一種精神與之相配合。沒有一種內在精神去配合推行，制度是死的，積久了一定會失敗。

譬如要平均田畝，必須具備詳盡的戶口冊。唐制戶籍共需三份，一份呈戶部（如今內政部）。一份送州（如今之專員公署或省政府），一份留縣。這些全國農民的戶口冊，三年改造一次，每次均要三份。一次改造稱為「一比」，中央政府保留三比，即舊籍三份，共九年的存卷。地方政府保留五比，即舊籍五份，共十五年的存卷。生死的變更，逃亡的發生，全國每天都不免有這些事故，都不該馬虎。若辦事人稍一疏忽隨便，戶口册便逐漸不正確，而整個制度也必然要失敗了。

唐代自租庸調制失敗後，改行「兩稅制」。一畝地抽夏、秋兩次稅，只問田，不問人，又恢復到土地私有可以自由買賣的情形。此後歷經宋、元、明、清，土地永遠私有，田畝永遠可以自由買賣，雖有人再來主張土地公有，平均分配，可是始終沒有實現成事實。但唐以後的土地兼併和貧富不均，比以前略好些。這因為隋唐以後採用了公開考試制度，報考的名額不斷地放寬，而非經考試不得入仕，即使宰相子弟也不例外。這一制度推行了，以前的大門第逐步衰退而終於不存在，所以此後中國社會雖不能無貧民，卻沒有像古代封建時代之大門第與大貴族。

更重要的，是中國社會上「士」和「農」相配合的理想，這在古代管子書中已提到。漢代士人，大體由農村出身。唐以後的制度，屬於工商籍的戶口不准應考。因此士的一流，也只有從農民中產生。中國人一向愛多子女，這也不盡在乎某一種的宗教觀念。如一家有三子，由兩子種地，讓另一子讀書報考，考中了可以入仕做官。往往一個農民家庭，勤儉起家，留一個兒子讀書進入士流，報考當官，得機會可以做到宰相或其他高位，便可以購地造屋，退休做鄉紳。但鄉紳子弟，往往經久了又不能上進，兩三代後又衰敗了，回到農民耕田的本分。而在農村裏又有另一批新的優秀分子平地拔起，報考做官，取而代之。如此循環不絕，所謂「耕讀傳家」，自唐代至明清，均屬此情形。只許農民投考，不許工、商人家子弟投考；又只許做官人購地造屋，不許做官人開店設廠、兼營工商。因此做官人只能成為一富人，卻不能成為一資本家。而官家、富人又永遠地在更替流轉，不能累積成大富。要明白中國的社會，要明白中國社會的經濟，必先明白這一個制度。

四

現在再講到工、商人，我們該回到封建時代從頭講起。那時候整個土地完全屬於國家所公有，一部分開放的是「耕地」，一部分不開放的叫做「禁地」。貴族受封後，那些土地便由貴族統治。耕地開放給平民耕種，此外如山、林、池、澤不開放的，便叫禁地，由貴族派員管理。這裏面的生產，便是貴族的私產。後來有一般無業游民偷入禁地，伐木捕魚，燒鹽冶鐵，這種經營是犯制的，在當時認為作奸犯科，為政府貴族所不容許。這批人在春秋時代便叫做盜賊。起初貴族派軍征剿，後來剿不勝剿，便派人駐守入口，抽徵其姦利所得，遂成為一種變相的「賦稅」。

中國古人所謂「征商」，「征」字原為征伐義，而後來乃轉變為征稅。所以民間的自由工商業，在很早封建時代是認為作奸犯科的，是一種不正當的事業和行為。此種法理觀點，連帶於古代土地所有權的觀點而生起形成，是遠有其歷史淵源的。這又與西方工商業的發展有其不同的途徑。

秦漢時代，只有皇帝仍照古代父子傳襲，而政府則與古代不同。古代分封一個貴族，就給他一塊地，此為封建。後來做官的改給俸祿，不再給地了。農田無形中轉為農民所私有，但其他的山、林、海、澤，在傳統觀念上，依然是天子私有。所以秦漢時代政府裏的財政機關也分成為兩個：農民稅收歸政府公用，屬於「大司農」。山、林、海、澤一應工商業方面所抽的稅，這是王室私有的，屬於「少府」。政府有政府的財政收入，王室有王室的財政收入。「朕即國家」的觀念，中國秦漢以後已並不存在。但戰國以後，工商業大大地發展了，如齊國的臨淄，便有戶口二十萬家，大都市早興起了。當時最大的商人是鹽商和鐵商。商稅既歸王室私有，於是王室收入，反而多過了政府。這也不是出於帝王之私心，只是社會經濟演變發展，在當時未先逆料到。漢武帝數伐匈奴，為國家司庫的大司農報告國家錢庫已空，武帝下詔命富商捐款，應者只卜式一人。武帝遂一怒而收回山、林、海、澤之利，把鹽、鐵收歸國營與官辦，把因此所得捐助給政府。在武帝之意，好像說：你們那些商人，運用了我王家土地發了財，我請你們捐助些給政府，你們不肯應，現在我便把王家私地收回，讓我來直接捐交政府吧。

此種政策，正如今日之「公賣」與「國營」，有的說它頗似近代西方國家社會主義的理論，其實在中國歷史上的出發點則大體如上述。可見中西歷史仍是不相同。我們一定先要明白漢武帝以前一種土地所有權的觀念之來歷與轉變，纔能明白漢武帝所行「鹽鐵政策」之理論與根據。漢武帝以後，政府對社會上可獲大利的工商業，一向都由政府控制，不讓私人盡量自由的經營。因此對農業則輕傜薄賦，平均地權；對工商業則限制發展，不使社會上有大貧大富之出現。孔子的人生理想是：「貧而樂，富而好禮。」社會不能嚴切制定沒有貧富之分別，但窮人亦要讓他們活得有一些快樂，富人須教他們知禮守禮。中國人所謂「禮」，便是一種生活的「節制」與「限度」。董仲舒曾講過一節話，他說：「富而驕，貧而憂，都是要不得。我們不能使社會上絕無貧富之分，但不可使富人到達驕的地步，也不該使貧人落到憂的境界。」

上引孔子與董仲舒兩番話，實可代表中國傳統的經濟理想。一個社會，雖不能做到均貧富，卻老想能在某種限度內保持其平等。富的有一個最高限度，窮的有一個最底限度，求能把貧與富的分別，限制在此有寬度的中間而不使踰越。此亦是中國人之所謂「禮」，亦即是一種「均產」的理想，這一種理想的執行人就是「士」。

在這樣一種傳統理想控制之下，遂使中國始終走不上大富大強的路。然而一個國家也不可太富強，太富強了就會有危險。中國的傳統哲學：「國防求能做到不被人侵略，經濟求能發展到一般生活沒有問題」。到此為限，卻不許繼續無限地向前。羅馬帝國的衰亡，原因即在其太過富強了，因經濟集中而流於過度奢侈，遂致文化崩潰，國家淪滅。中國始終把文化根苗寄託在農村，不讓財富集中到城市，工商資產始終受節制，求其與農村經濟保持一有寬度的均衡狀態，而限制其發展過度。這樣也影響了實用科學之發達，物質文明永遠不能突飛猛進。然就長時期歷史進展言，中國的物質文明也始終在西方之上。因為沒有急劇的逆轉與崩潰，經過長時期積累，所謂「日計不足，歲計有餘」，無論從實際情況講，或從理想意義講，中國歷史上的經濟制度還是有它不可抹殺的長處。

馬可波羅來中國，其時在元朝，這一時期的中國很不像樣，但在他遊記裏，已經使當時西方人不信世界上會有這樣一個經濟繁榮的國家之存在。到清朝康、雍、乾時代，中國物質文明，就一般言，仍然在西方之上。只這最近兩百年來，西方新科學纔突然凌駕了中國。然正因為西方科學之突飛猛進，而造成了西方今天種種的問題。我們不能只看今天西方的發達，而忽視了中國一向用政治來控制經濟的那一套理想與方法。自文化立場講，從一個人生理想上來規定一種經濟限度，是未可厚非的。

五

今天中國社會情況大變了，但變在那裏呢？據我想，如上所述，中國社會裏的第一流品「士」的品質先變了，這至少是在大變中很佔重要的一項。「士」是中國社會的中心，應該有最高的人生理想，應該能負起民族國家最大的責任。更重要的，是在他們的內心修養上，應能有一副宗教精神。可說中國的士，應是一個「人文宗教的宣教師」。他們常要不忘記自己是半和尚，或是雙料和尚，而不僅是一個有智識的讀書人。

自從西方文化進入中國，中國若能急起直追，迎頭趕上，在和平秩序中接受他們的新科學，這也並不是一件困難的事，並不需要先把中國整個社會、整套文化澈底推翻，全部革命。但一部分讀書人走上政治，失卻了為公服務的責任感，卻說是爭民權。一部分改行經商，索性專一孜孜為利，說是個人自由。西方人至今尚進教堂，接受他們許多傳統的人生教訓，而今天中國的智識分子，則只接受了西方的「權利觀念」，沒有接受他們的「宗教精神」。社會依然是中國的，理論卻是西方的；又只有西方理論之一半，只講「個人權利」，不講「仁愛與犧牲」。於是四民中缺少了一民「士」，社會驟然失了中心。

其實今天中國社會裏的所謂智識分子，還如從前的士般，實際上還是中國社會的中心，但他們只保持了中心的地位，早失卻了中心的精神。他們只肯剽竊西方政治經濟理論來「自便己私」，而缺乏一種為公犧牲的宗教精神。反而離題愈遠地來求破壞中國社會，打倒中國文化。理論上是消極的所謂革命，實際上是專為個人或派系，或黨團，爭奪各自一份的「私權益」。於是造成了今天的局面。

我覺得目前的中國，依然要走中國自己的道路，要恢復「士」的精神來作社會中心的主持與領導。這輩人不應該借著民主理論來逃避自己的責任。他們還是社會的靈魂。他們應該尊孔子也如西方人敬耶穌般，應帶有一種「為公犧牲」的精神。不能僅憑一套浮淺而實際是自私的政治經濟理論，來掩飾其自營己私的權利營謀，來助長相互間的鬬爭情緒。他們必須有精神，有信仰，他們確還是今天中國社會的中心，責無旁貸，不應該躲避。他們說：「今天是民主社會了，誰也該自由，誰也該平等。」實際則仍是不平等，只讓他們獲得了許多自便己私的自由。

今天的中國共產黨，盲從馬克思，主張以階級鬬爭來領導中國社會之改進，其實中國社會從秦漢以來早就沒有階級。若說打倒封建，則中國又已早沒有封建。若說無產階級專政，則中國的士，早已是一種無產階級，又且應以無產作為他們的宗教信仰的。中國向來有一套「士農合一」節制經濟的傳統理想，因此中國社會也絕不會走上資本主義的路。封建社會破毀了，資本主義的社會始終未出現，這是馬克思唯物史觀不能適合中國歷史進程的眞憑實據。信仰馬克思來改革中國社會，眞所謂無的放矢。

今天中國人的大缺點，就在把自己本身的社會實相撇過不談，而專門濫用西洋幾個空名詞套上，硬拼硬湊，硬要叫中國來做別人家文化的殖民地。我們希望中國文化還要自覺的站起來，那麼中國才有新希望。

第四講　中國歷史上的國防

一

中國民族是一個和平的民族，中國文化也可說是一種和平的文化。但從歷史上看，中國民族也極有戰鬥精神。中國民族和其文化之和平，是一種「強性的和平」，它賦有很堅強很優越的戰鬥精神。普通常講中國二千年來閉關自守，這話並不合實情。中國是一個門戶洞開的國家，本就無關可閉。東南是大海，西邊是崇山峻嶺，但北方是一帶遼闊的平原。在這一條綿長的邊疆上，中國並無天然的國防線。不僅門戶洞開，而且藩籬盡撤。但在那邊，雖沒有天然的防線，卻有天然的疆界。

北方天氣寒冷，沒有雨水，廣大的草原和沙漠，無法發展農業。僅有很多游牧民族，在此地帶飄蕩。中國原是一個農業文化的社會，越過此界線，農業無法栽根。農業文化也可說是人類的基本文化，但古代農業文化之最大敵人即為游牧文化，近代農業文化的最大敵人則為商業文化。德國史家斯賓格勒有一名言，謂「近代商業文化，就是變相的游牧文化，是一種新的游牧文化」。換言之，此兩種文化，同樣涵有「侵略性」，而農業文化則天然具有「保守性」。古代世界最大游牧民族根據地，即在中國之北方。中國實逼處此，遂不得不建立起一條人造的國防線萬里長城。遠從戰國，直到秦始皇絡續建造一條漫長的防線；西起甘肅臨洮，東至朝鮮大同江邊（並不是到山海關）。若以羅馬北部的阿爾卑斯山相比，中國萬里長城何啻延長了幾十倍，而且也不如阿爾卑斯山有天險可資扼守。

游牧民族的武裝，以騎兵為主。馬性愛冷喜燥，一到秋冬，全身馬毛都長好了，所以說秋高馬肥。騎兵的武器是弓箭，弓用膠質製成，所謂角弓。天寒膠凝，弓硬箭遠。唐人詩所謂「風勁角弓鳴」。所以游牧民族一到冬季，正值食糧斷絕而武裝完備的時候，而那時的中國，農村裏已經是秋收冬藏，酒釀熟了，布織成了，天然的引起北方游牧人的垂涎。這樣團聚而流動的游牧隊伍，可在荒遠漫長的萬里長城之任一個缺口蜂擁而入。中國儘有幾十萬邊防勁旅，也是防不勝防，加以當時通訊困難而遲緩，待他處救兵到達，敵騎早已遠颺。散處的和平農村，面對著這一飄忽而強大的，在天時、地利、人和三方配合的侵略大敵，這眞是中國史上從始以來便面對着的一個最困難對付的大問題。

由於上述原因，逼得中國只有改採攻勢的國防，而不可能常用守勢。但若中國要採取攻勢，則須先訓練一批機動性的遠征軍隊，能求找得對方主力，加以殲滅性的擊破。這是中國歷史上對外戰略所謂的一勞永逸。但中國軍隊要向北方邊外開拔，運輸不便利，大軍機動向前，糧食輜重後發，這是行軍一大危機。游牧人南來，可以就地覓糧，到處掠奪。中國軍隊北上，則必攜糧隨行。因此此項出擊，又必在一個短時間內把握有必勝的機權。這樣的「開塞出擊」，若果有勝利，敵人知道了我們的戰略，在近塞處戰敗了，還可越過大沙漠，退到漠北，借沙漠為掩護。只要避免主力被殲滅，待中國大軍一退，依然可以越漠南侵。因此中國要求眞能一勞永逸的遂行其殲滅戰略，勢必再進一步，絕漠窮追，求得澈底的成功，纔能得到數十年或百年的太平。這當然是一種充滿冒險性的孤軍深入戰，可勝而不可敗。用機動的出擊，在極寒冷的天氣裏，要遠越關塞到無人煙的大草原，或橫跨大沙漠，來尋擊敵人的主力。有時數萬大軍，繞行了曠蕩荒涼的萬里長程，結果不見敵人一兵一卒，無功而歸。亦有提數千騎兵，出其不意地摧破了敵人數倍十數倍之眾。這常是一種極驚險極勇敢的表演。必須有極優越的將帥天才，與士兵素質，纔能勝任而愉快。而且在中國，要出塞遠征，必先訓練大隊騎兵。無論在黃河流域，抑長江流域，騎隊的訓練都很困難。因為這裏多是密集的農村，而且氣候溫濕，不適於大批戰馬之養護。這可想中國歷史上對外防禦是如何般的一種艱巨工作了。

歷史上中國軍隊取遼東，征高麗，普通都從熱河出兵（以往是不從山海關的），必須配合氣候，隨帶糧食，在出征之前就預先計定班師凱旋之期。如果這一次出征，不能獲得決定性的勝利，天氣驟變，或是糧運中斷，這支軍隊往往會一去不返。這些都是中國國防先天的難題。漢武帝、唐太宗討伐匈奴、突厥，及其他的對外武功，大都總是以少取勝。大隊結集，反而要吃虧。幾路軍隊，包圍合擊，出奇制勝，常演出驚險的場面。或是嚮導迷途，兩支軍隊無法會師。或則前軍追擊，後軍不繼，遂致兩相隔離，不能呼應，形成孤軍，受敵包圍，有如霍去病、李靖的戰績，十足可以說明中國民族之富有戰鬬精神和戰鬬力量。在其保國守土的績業上，殆為其他民族所無可比擬。

這一種塞外立功，往往經過了十年或幾十年的慘澹經營，才始獲得一次決定性的勝利。而因氣候物產種種關係之限制，對戰勝所得，又不可能長期佔領。中國內地的農業文化和農村生活，終苦於無法移殖。於是大軍凱旋之後，最多數十年一百年，塞外游牧人獲得休養生息，潛滋暗長，新的力量又在無形中崛起。那不是麼？匈奴完了有鮮卑，鮮卑完了有突厥，突厥完了有契丹，以後又有金，有蒙古，有滿洲。此只據其最著名者為例。而在中國本土，因經過了一百年八十年的長期太平，武備鬆弛，人民終老不見兵革，一旦第二次外患又來，逼得中國要重新努力再一次新的大規模的攻勢防禦來再固疆圉。

如是般的循環，直從秦始皇到現在，已經二千餘載。但中國民族和中國文化，仍能屹立於世界，成為世界上現存唯一古老國家，這決不是天幸。印度對外只有一途可通，羅馬亦然。陸路除卻阿爾卑斯山天險，竟可說是無路可通了。中國則漫長的邊防，無險可扼，而且其外面又是最適宜於大量游牧蠻族之屯聚與流轉。試問在如此困難的國防情勢之下，還能保留其民族文化綿延至今二千多年，若使沒有一種內在的極堅強的戰鬬精神，如何可能？

而且中國軍人，不但富於「攻擊性」，同時也極富於「防禦性」。防禦性的戰鬬和攻擊性的戰鬬，此在軍隊性能上，是相反的兩極端，而同時在中國軍人身上表現了。其他民族，往往有的善攻不善守，或是善守不善攻。中國歷史上的軍隊，卻具備了此相反的兩性能。所以中國有時被北方蠻族侵入，往往能就地抗戰，以劣勢挫敵優勢。像唐代安祿山攻睢陽，張巡、許遠孤軍困守，終於摧挫了敵鋒，保全了江、淮，這是歷史上極著名之一例。如此之類，舉不勝舉。故說中國素受異族侵凌，這話固不虛。然也是我們對自己國防的一句警惕話。卻不該因此看輕了我們歷史上民族傳統的強韌戰鬪精神。

二

漢代匈奴，實在是當時一可怕的強敵。屢次內侵，終未成功。經漢武帝痛快擊潰之後，其一支流亡到歐洲，歐洲人卻無法抵抗，被打到了羅馬，直到現在，歐洲還存在一個匈牙利國，是其遺胤。至於西晉時的「五胡亂華」，這並不是北方蠻族直從塞外入侵衝破了中國防線，而佔領到中國之內部。這是許多早已許其移住在中國內地的蠻族乘時搗亂，突起叛變，只是中國內部一種政治崩潰與社會動亂。唐代武功，舉世無匹，可不用說。以後便是遼、宋之爭。一般人都卑視宋朝，稱之為「弱宋」。殊不知宋朝處境的困難，較之漢唐，不知要增加多少倍。一則是五代石敬瑭割棄幽、薊十六州贈予契丹，到宋初開國，中國東北方疆土，自山西大同到河北北平，早都在遼國之手。西邊由山西大同往南，尚有雁門關一條內線可守。而東邊河北則只有居庸關到山海關一條外線。踰此向南，從北平保定直到黃河北岸，地勢平坦，更無阻塞。宋代的國防形勢實太削弱。二則宋代東有遼，西有夏，這兩國都是馬和鐵的最要出產區。中國對付北方，必用騎兵，而產馬區均落敵手。養馬又須廣大草原，或深山長谷，不能一匹匹地分散在農村裏養。所以宋朝要訓練大隊騎兵，根本條件不够。當時曾有人計算過，開闢一塊草地養一匹馬，這塊地就足維持二十五個農民的生活。如以白銀茶葉向西夏換馬，西夏自不會把上品的馬供應。換來馬後，散給農村飼養，一戶一匹，往往一二年後即羸瘠無用，不堪作戰。宋朝在此情況下，應付遼、夏，前後維持了一百六十年的長期，實在比漢唐困難得多。

後來金國南侵，也只佔領了黃河兩岸，沒有能過長江。南宋雖弱，還能保住了半個中國。中國歷史上第一次全部被北方民族佔據的，只是蒙古。蒙古人用兵，世界罕有其匹。他們曾橫掃歐、亞兩洲，然他們所遇到的最大敵人，還是中國。那時中國早分成三個國家：北是金，西是夏，南是宋。而蒙古南犯，自成吉斯汗至忽必烈，前後五代七十八年，大別可分為三期：

第一期：太祖成吉斯汗滅西夏，取到金黃河以北地，但打不過黃河，越不過潼關，便轉向西侵，直攻歐洲。

第二期：太宗窩濶臺聯宋取金，自漢水借道襄陽，迂廻潼關，以拊金之背。但滅了金，仍無法攻宋，又再度西征，越過莫斯科，直搗意大利之威尼斯。

第三期：世祖忽必烈繞道西康、雲南，轉向回攻襄、樊。其間攻襄陽六年，宋朝還是掙扎着，仍未即就滅亡。

據西方人記載，蒙古西侵，眞如秋風之掃落葉，未見有像到中國來那般節節受阻的。可見當時蒙古人所遇最強韌的大敵，還是中國。蒙古武力亦為吞併中國消耗極鉅，宋亡而蒙古亦趨衰弱，未到一百年，仍為漢族驅逐出塞。整個蒙古帝國的衰亡，主要還是在中國開始。

再一次的異族入侵，便是滿洲。我們往往懷疑當時偌大一個中國，何以竟無法抵抗小小的滿洲部落。但滿洲侵滅中國，前後也歷三十年，其間經過極曲折。中國原是一個和平性的民族，政治比較合理，在昇平無事了二三百年之後，一旦倉卒臨時徵調全國農民來當兵應敵，疆域又如此般遼濶，徵發令一下，便致全國騷然。這些弱徵，是一個和平文化的社會，發展到百年以上的長時期之後所不易避免的。當時軍備存庫，也多已是百餘年前的腐朽。據歷史記載，楊鎬領着四路大軍出關，臨時開庫配發軍裝，鐵甲都已銹爛，戰袍縫線也都脫斷。分配盔甲，肥大的配給了瘦小的，瘦小的分配到了肥大的，十萬二十萬大軍，一時那能有現成稱身軍衣？出師前宰牛祭旗的刀，也竟鏽鈍了割不斷牛頸。這樣的武裝如何能用？而且南方人從沒見過冰雪，一旦開上遙遠的東北，氣候驟異，縮瑟寒冷，軍心士氣，先受威脅。滿洲人是全族皆兵的，他們盡在打仗戰陣中生長。他們的帽子，對耳鼻均可禦風。上身是皮馬褂，這是馬上的軍裝大衣。長袍內襟拖長，可以把兩襟左右分開，庇護著騎在馬上的兩腿和膝蓋。兩手勒韁和使用武器，有馬蹄袖保溫不冷。這眞所謂主客異形，天然的便吃虧了。加以他們的武器，因是一個戰鬬民族，所以都是配合着各人身材力量，由私家各自精心鑄造。兩種社會的全部生活絕不相同，在這樣的對比下，中國軍隊件件見弱，這不是中國人不愛國，或不善打仗，而是太平已久，迫不及備的原因。

講到這裏，我們要回頭追憶到漢武帝的雄才大略了。他預備攻匈奴，便先期訓練騎兵。為要養馬，便先到新疆移殖苜蓿，在上林（即當時的皇家公園）闢地試種。他為此曾運送大兵到西域去挑選種馬，所謂「汗血天馬」是也。馬有了，纔好練騎兵，待幾十萬馬隊訓練成熟，這樣纔一鼓出塞，自然易獲勝利。武帝為要攻大理，通西南夷，知道大理有一昆明湖，便在長安仿照昆明湖鑿了一個大湖，亦名昆明，用來天天訓練水戰行船。否則大陸人南下，又何能驟習水戰呢？孔子所謂：「不教民而戰，是為棄之。」這是政治問題，不是民族本質問題。

滿洲是一個新興蠻族。正從戰鬪中長成。明朝二百年來，只怪社會太平太久，然這不是人類文化所應有的理想嗎？待其忽然面對強敵，幾仗之後，雖經失敗，而戰鬪精神漸旺，還能守住山海關。若使那時國內政治稍得清明，不腐敗，沒有李闖、張獻忠作亂，內部不至鬧得不可收拾，山海關守兵不撤，滿洲內侵，還是可以抵抗。我們不細讀歷史，不明白當時種種真相，只知道中國給滿洲吞滅了，便說中國民族早已衰敗，該亡國了，這眞是喪心病狂之見。

中國的對外軍事史上，還有一點值得稱揚佩服的，是每逢獲得大勝仗後，便能適可而止。漢武帝、唐太宗都是好例。羅馬人因窮兵黷武，終至覆滅。中國則不然。每逢對外戰爭，大將軍勝利歸來，中國人並不熱烈崇拜。甚至如西漢陳湯，以單車之使，攻克西域匈奴遺族郅支強敵，卻受國內種種責難。其實這不全是中國人之糊塗。中國歷史上最受後世人熱烈崇拜的，反而都是些失敗英雄。他雖失敗，我們鼓勵他，崇敬他，稱揚他，如岳飛、文天祥、史可法，較之霍去病、李靖、徐達之流，他們事業之一勝一敗，而我們對他們的一冷一熱，反而成了一反比例。然而正為此故，我們勝到了，能適可而止；失敗了，能不屈不撓，再圖復興。這可證明中國人的理智能用在勝利時，情感能用在失敗時。所謂「勝不驕，敗不餒」，這是一種最好的國防心理，亦是一種最深沈、最強韌的和平精神。中國民族能維持這幾千年，決不是偶然。

三

講到國防，一定要講軍隊，我再從大體來一講中國歷史上兵的來源和軍隊的制度。

春秋時，中國只有貴族兵，那時僅貴族子弟才能正式武裝參加軍隊，平民沒有當兵的資格，只能做軍中勤務，如濬溝、築壘、運輸、做飯等工作。戰國時，開始大規模使用步兵。那時大都是募兵制度，平民遂得正式當兵。

到漢代，始有確定的「義務兵役制」。漢代是全國皆兵的，壯丁從二十三歲起全應服兵役。為何規定二十三歲起呢？其中卻有道理。因為二十歲成丁，照理該能獨立營生。中國的農民經濟，通常是三年耕可以有一年之蓄，每年積蓄其生產量的三分之一，三年便可餘一年糧。一壯丁自二十歲至二十二歲耕種了三年，二十三歲開始服兵役，家中可以使用他過去三年的貯蓄，無饑餒之憂了。可見當時小小一項制度的規定，也顧及民生休戚。那時兵役共有三種。一是到中央當衛兵，一是到邊疆做戍卒，一是在地方見習。無論丞相之子，也一律要服兵役。當時中央政府的衛兵，數額最高有七萬餘人，這是由政府供養的。至於邊防戍役，旅途經費由民間應役的自己擔負，因此平時國家軍費開支極節省。倘遇對外作戰，除了正在兵役期限的以外，另有一種志願兵。此等人，平日在家養馬射箭，自行練習，一旦國家有事，報名參加，即所謂「良家子從軍」。如李廣一家從祖上直及其孫李陵，世代都是期望着得機會志願從軍建功立業的。

到三國時，「國民兵」變成「部曲兵」，形同私家軍隊。當時中央政府覆滅，地方政權亦隨之崩潰，到處土匪橫行，大門第組織自衛軍，農民亦歸附參加，像張繡、典韋等，都有他們的私屬部曲。在那時，則幾乎只有軍隊，沒有農民了。有鄧艾等替曹魏劃策，叫軍隊集體耕田，此即謂之「屯田」。晉代五胡亂華，五胡軍隊可稱為「部族兵」。匈奴人有匈奴軍隊，鮮卑人有鮮卑軍隊，他們全部族每一壯丁都是兵。另外中國人當兵，叫「籤丁兵」，由壯丁用抽籤方式臨時徵發。或二丁抽一，三丁抽一，五丁、八丁、十二丁抽一不等。符堅淝水之戰，他軍隊前線已到安徽淮河，後方尚未出長安城，可謂浩浩蕩蕩，盛極無比。所以他誇說只要我軍隊人投一鞭，便可把長江水流塞斷，安然而渡。然符堅，一到淝水邊，偶而登山，隔水遙觀東晉陣容，即悵然失色。稱許為旗幟鮮明，自歎勿如。這為什麼呢？正因當時東晉已採用「募兵制」，合格的壯丁始得入伍當兵，身材服裝均整齊劃一。符堅軍隊卻雜亂不齊，有各種胡人的部族兵和中國的籤丁兵，衣服旗幟、行列陣容完全雜湊，宜乎一見晉兵，便自心怯。可見募兵制也有優點。但招募的軍隊，貴能及鋒而試，過了三年五年，十年八年，容易衰頹。東晉「北府軍」自淝水戰勝，以迄劉裕北伐，是極盛時期，那是當時招募來的那批軍隊的最有用時期，但久了便不行。

到了北周，那時鮮卑部族兵已不够用，拉來壯丁又不行，募兵又要長期消耗國家軍餉，遂改行「府兵制」。選擇有家業的壯丁，令其長期當兵。有事出征，平居則自耕自養。當時戶口分上、中、下三等九級，下等三級人是不准當兵的，只上、中二等六級戶口可服兵役。當了兵，一切田租捐稅均豁免。北周終於憑藉此府兵制度統一了全中國。唐代因之不改，亦因府兵制度而創立下極偉大的武功。當兵府兵是凡兵皆農，與漢代之全農皆兵，同為「兵農合一」，而北周、唐代的府兵制則更為合理。當兵的都有相當田地，家業窮苦的農民，不得充兵役，如是則兵員素質，無論在智識上、體格上、品德上，皆無形提高，而且較為整齊。較之募兵制度自更優越了。籤丁兵不容說，中國戶口盛，實在也不需全農皆兵。

所謂府兵之「府」，與地方行政劃開，專擇戰略要點設立，非邊防衝要不需要用兵的地區，便根本不需要設立府兵。當時每府有一支軍隊，小則八百人，多則一千二百人。據統計：全國最高可能約八百府，共可得八十萬軍隊，分配在各戰略要點，實際已足够應用了。而國家則無需分文軍餉。因府兵有田畝自給，中央只派幾個教練官就農隙督教。及遇出征，某一府兵陣亡了，申報到政府，即由政府派人去其家唁慰，並致送撫卹金，賜予爵位。府兵都是有身家的，都知自愛，都能忠勇奮發，以此屢立奇功。將軍在中央供職，無官有勳。作戰時帶兵赴敵，戰事完了，兵歸府，將回中央，亦絕沒有軍人干政之事。可見唐代武功和當時制度有關。

待到唐玄宗開疆拓土，一意向外擴張，府兵制度遂漸次破壞。舊例軍隊戍邊，期滿即調防回府。後因軍事長期不輟，軍隊久駐邊疆，不令回府，那府區也不認眞，不另派人接防，此人只能永留不歸，如是則使人視從軍為畏途。同時出征軍人，本都富有，上有父母，下有妻兒，遇從軍出發，常携帶許多絹帛私貨隨時自備私用。邊將貪汚，想法中飽，將府兵帶來絹帛令其登記存庫。名義上代為保藏，俟其需要用時領取。實則對有絹貨人責令加倍作苦工，求其速死，以便沒收其財產。這輩打仗或做苦工死的，邊將也都不造具名册呈報中央，中央即無名册轉到各府，軍人家屬猶在夢求征人平安歸來。所謂「可憐無定河邊骨，猶是春閨夢裏人」。如此積弊一多，府兵紛紛逃亡，大好制度因此瓦解。可知每一好制度，必須有一種良好精神來維持。若精神一衰，最好的制度也要崩潰的。

唐代自府兵後改變為「鎮兵」，即藩鎮自有之兵。當時中國邊防，漸引用番將，所帶鎮兵，亦雜用大量胡卒，於是有「安史之亂」。亂平後，邊防節度使依然存在，各將其轄下所有壯丁盡量編成軍隊，每一節度使都蓄有精兵八萬十萬以上。再就其中挑選一萬或幾千人為衛兵，常駐衙內，稱為衙門兵。更於衛兵中挑出二三百最精銳部隊，收為養子。如是遞分等級，層層統制。衙門裏每日宰牛殺羊，犒勞士卒。軍隊馬鞍旗幟均用錦製繡花，更有加以金銀嵌飾的，遠望如雲錦霞彩，光耀奪目。地方的全部經費都耗在養兵上。節度使間又互通姻親，聯成一氣，中央對之無可奈何。如此般的擁兵割據，各自世襲。所以唐代藩鎮，實是中國歷史上最可痛恨的軍閥。

以後經過五代，到宋初，居然能翻身來再建一統之局，眞是歷史上了不得的事。若把羅馬帝國末年相比，便知中國民族畢竟偉大，它常常能自找新路，絕處逢生。宋太祖「杯酒釋兵權」，是當時一大轉機，那時軍人也覺悟了，經太祖一席談，將兵權交回中央，那眞是當時國家制度一極大的大革命，但亦不經流血而完成了。但那時國力已經不行，河北、山西兩省，大半為契丹所據，既有大敵在前，又不能痛快裁兵，宋太祖乃在軍隊中挑選精銳的改編為「禁軍」，餘下老弱殘卒，謂之「廂軍」，一時不好遣散，只安放在地方上，作些苦工，這都是不能上陣的。宋代是中國歷史上最窮的朝代，窮的原因，就為要養兵。宋代又是中國歷史上最弱的時代，因為是募兵制，來應募的體質雖健，大多是無業游民，德性智識都低下，軍隊素質差了，而且募兵若久不上陣，連體質也要逐年降低。這是宋代兵制上的大缺點。但從唐代藩鎮割據，吸盡民間精血來各養私兵，到宋代總算把兵隊都統一到中央，這已是大不易事。若論禍源，應遠溯到唐玄宗之窮兵黷武。唐沒後的中國，不變成羅馬覆亡後之黑暗時代，那已是宋人功績了。

元代又是部族兵，蒙古人才有當兵資格，中國人是沒份的。明太祖驅除韃虜，統一中國，又效法唐代府兵制。他嘗說：「我要養百萬大軍，而不用民間一粒米。」那時的軍隊，叫「衛所兵」。小單位的軍隊謂之「所」，大單位的軍隊謂之「衛」。明代的「衛所」，略如唐代的「府」，皆與行政區域分劃開的駐軍區域。一衛最多有兵五千六百人，千戶所一千一百二十八人，百戶所一百二十人。每一兵給以若干耕地，令其自耕自給。上等的田二十畝，次等的田三十畝，荒地七十至一百畝。但衛所兵仍須納糧，納來的糧用以養將。有明一代武功，遠及蒙古、朝鮮、新疆、安南，亦見衛所制度之效用。後經長時間的太平，衛所制度也又腐敗了。

滿洲入據中國，起初也是部族兵，即所謂「八旗兵」。漢人參加的軍隊，謂之「綠營兵」。那是有等級的。綠營兵的餉額待遇不能與八旗兵相比。到太平天國起，八旗、綠營都已腐化，全不能用了，乃有曾國藩、李鴻章等訓練湘軍、淮軍。開始是地方團練，自衛鄉里，後來成為正式勁旅。這種軍隊的編制，又可稱為「子弟兵」，各人在自己家鄉，把鄉鄰、親戚、朋友招來當兵當將，長官和士兵如家人子弟般。起初很有用，但慢慢演變，結果成了民國以來的「北洋軍閥」。這亦是一種變相的私人軍隊，變相的部曲兵。

現在我們試比看中國歷史上的兵制。貴族兵只封建時代有，部族兵只異族入侵時有，不用多論。募兵雖有優點，但也只能用於一時，不能長久豢養。國家也不堪負擔此長期的軍餉。國民義務兵，歐洲直到近代由普魯士開始實行，而中國在二千年前的漢代，已是全國皆兵了。將來我們的陸軍，似乎仍宜採用國民兵制，但若能參酌北周、唐代、明代的府兵與衛所制度，那是更合理想了。籤丁兵硬拉來的，當然不能用，還不如募兵。募兵又不如府兵、衛所兵。子弟兵一面是募兵的變相，一面是部曲兵的變相，也要不得。可見中國歷史上有強有弱，雖則原因複雜，而兵制影響也重要。現在我們在積弱之餘，籠統埋怨中國文化傳統，甚至埋怨到民族素質，那都是不通歷史的瞎說話。

四

現在我們再該講到的一點，便是中國歷史上「武裝」與「經濟」的配合。中國既是一個以農業經濟為主要的國家，國防武裝，主要的便在如何與農村生產相調節。上面所講漢、唐兩代的兵農合一，便由這一原則之要求而產生。但農業是安住的，農村是散漫分布的，而軍隊則需集合，需流動，尤需特別注重邊疆，在此形勢下，乃有屯田制度之出現。

「屯田制度」是一種用軍隊來耕種的制度。它的主要用意，在使一個臨時的戰鬥集團，同時即成為一個平時的生產集團。武力之所至，同時亦即是財力之所達。軍隊推行到那裏，農業也同時推進到那裏。因此對外戰爭，緊接著對外墾殖。遠在西周封建，其實早就是一種農民集團之武裝移民。由西方周天子分封大批諸侯，圈定了一塊土地，浚深溝，築高封，中心建設一都市，當時稱為「國」。四圍開闢農田，即是封建諸侯所經營的「井田」。把井田的經濟生產來營養都市，把都市的貴族士兵來護衛井田。當時每一個侯國，同時便是一個經濟與武裝緊密配合的單位。西周封建所面對的現實形勢，本是一個農、牧並存，華、夷雜處的古中國。從事游牧的，乃當時之所謂戎狄；有城郭建築，從事耕稼的，當時謂之華夏。西周封建，是把華夏農業文化深入散布到戎狄游牧文化的廣遼大陸，而逐漸使此廣遼大陸普遍「華夏化」，那即是這一種經濟與武裝緊密配合的生產戰鬬集團之成績。

但此集團中，卻顯然分成「貴族」與「平民」之兩階級。都市國人是貴族，井田農夫是平民，而且那時是貴族負擔戰鬬，平民從事生產，責任顯相劃分。秦漢以後之邊疆屯田，乃至國外征服地的屯田，則是即兵即農，把擔任臨時戰鬬的武士，訓練成平時兼事耕作生產的農民。好使這一個遠在邊塞乃至隔絕國外的武裝隊伍，可以自給自足，長期戰鬬，而不勞國內經濟上糧食上給養。這是中國歷代國防制度一大成功。這不僅告訴了我們，中國古人對政治、對軍事上之絕大聰明與絕大天才，同時告訴我們，中國國民性之內在的莫大可貴的一種深厚、篤實、堅強的德性之又一方面之流露與表達。

我們只看西漢初年晁錯所講移民殖邊的一切規劃，便可想像到西周當年向東封建的大概情形了。這也是我們中國民族擁有深遠偉大的歷史經驗之一例。兩漢的屯田，不僅在邊塞，而且還深入到國外。這是盡人所知的。東漢只為罷免了西域的屯田，才引起邊塞動亂，而逐漸地蔓延到全中國。

其實西魏、北周和隋唐的府兵制，也即是屯田制度變相的運用。屯田主要在戍守邊疆和控領國外，而府兵則在內地屯田。而唐代的邊外屯田，北方遠至瀚海都護府，東北遠至百濟，西北遠至西域及青海，國力遠擴，這是如影隨形，必然不可少的一制度。宋代積弱，其最大原因之一，便是把經濟生產和武裝戰鬬的兩系統分開了。宋代禁軍，分番戍邊，僕僕道途，卻沒有在邊境上紮下來屯田。宋代的廂軍，只在地方充勞役，當雜差，也沒有教他們耕作與生產。只因這一制度之頹廢，便影響到全部國力。

明代的衛所制，顯然又是屯田制度之又一番活用。這制度也直擴到邊塞之四外，因此明代武功，也和漢、唐相髣髴。如雲南全境之開闢，斷然須歸功於此一制度之生效。其時南方屯田至海南，至交趾，東北曾擬屯田至朝鮮而未果。這一制度之興廢，也顯然與明代國力消長成正比。

我們根據上述，正見一個國家武力之根源，必然歸宿到這一國家之文化整體，與其民族性之獨特優越處。不僅武力應與經濟相配合，而引致富強之途徑，又必與其國家民族之文化教育與國民性之深厚內在處相融結。目下的中國，正為欣羨西方之富強，而忽略了自己本國歷史文化之演進意義，鄙視了自己國民性之獨特優長，那眞所謂南轅北轍，緣木求魚，宜乎是要愈走愈遠，愈想愈失望的了。

五

現在我們再講一些中國歷史上的將官。自古以來，中國的將官，本都是「文武合一」的。最高的將領大都是文人，所謂「出將入相」，在外立戰功，回來可以當宰相。這在唐朝前期，幾乎成為常例。但亦並不是以他的軍人身份而拜相，而且其手下亦並沒有軍隊，所以這也決不是軍人干政，只見當時之文武不分界線而已。唐玄宗時李林甫為相，恐懼外將奪其相位，乃建議玄宗引用番將，養成安、史之禍。直到元朝，始有文、武官職之分。明代的「銓選」制度，也分為兩部，文官由吏部，武官由兵部，文武遂此劃分。可是一般高級統帥，仍是文武不分的。即如明、清兩代的總督巡撫，照理該是武職，而實際則是文臣。

說到「好鐵不打釘，好男不當兵」，大抵宋代才有這句話。五代時強拉壯丁，怕其逃亡，乃在其面上刺以花紋，宋代因而不革。狄青出身行伍，後為大將，亦面刺花紋，遂使一般人看不起當兵的。縱為國家立下大功，當時人對他還是看不起。重文輕武，乃是宋朝人風氣。這也因唐代藩鎮造孽，處處是壯丁入伍，當兵是好行業，循至讀書人太少了。宋代盡力尊重文人，輕視武人，此一風氣固不好，然亦是存心矯挽積弊，有可原諒的。

現在要講到中國歷史上許多文人隨軍，至今俗語相傳稱之為「軍師」，這很近似於近代歐洲之所謂「參謀人才」。他們正式的在軍事制度中設有參謀，也由近代普魯士開始。但中國此項人才，早在戰國時已出現，如齊國孫臏便是一例。到楚、漢相爭時的張良，所謂「運籌幃幄」之中，這顯然是參謀的專職。因為中國土地大，一有戰爭，往往是大局面的，雙方勝敗，並不在局部陣地的進退得失上決定。因此作戰必先有全盤的戰略。西洋方面，直到近代國際戰爭，才始有通盤戰局的研究。如第一次世界大戰後，德國人發明的「地緣」政治，主要還是一項通盤戰略的研究。換言之，即是大局面作戰之策劃。在中國歷史上，如劉、項之戰，雙方對陣，全國各地皆有接觸，作戰必須有全盤策略，決不是任意混戰所能取勝的。所以很早就知軍隊該分前、後方，而又知參謀人才之重要。韓信便是前方大統帥，蕭何是後勤指揮，張良便是參謀部。三國時著名軍事家如曹操、諸葛亮，其實都是參謀人才，非前敵統帥人才。大抵中國史上的文武不分，文人參軍，都由這一需要而起。

中國歷史上曾有一個偉大戰略，實際並未曾應用，而詳細記載在歷史上的，這在安、史亂時，安祿山率兵由北京越黃河攻洛陽，西向至長安，唐明皇入蜀，肅宗在臨武指揮勤王師恢復兩京。當時謀士李泌獻計，以一支兵屯陝西北部牽制長安，一支兵屯山西北部牽制洛陽，虛張聲勢，使安史軍隊到處設防，然後以奇兵潛從綏遠繞察哈爾，越居庸關，直搗北京之背，先解決了他們的根據地，這是所謂「犂庭搗穴」之策。倘使當時唐肅宗聽從此說，安史餘孽不會再盤踞河北，藩鎮之禍不致拖長，也許此下中國歷史也便不是如今這樣的了。但肅宗說：「方今上皇蒙難，不復兩京，無以對國人。」遂決計先攻長安，再攻洛陽，安史兵隊節節退卻，河北三鎮老巢，終於仍落在安史部下。即如近代曾國藩能敗洪秀全，也因其有一套全盤戰略，下武漢後率水師沿江東進，步步控制長江，堅守安慶，再下蘇杭，包圍南京，洪楊終歸覆滅。

如上述，漢代之張良，唐代之李泌，清代之曾國藩，都是文人，都是今日參謀總部的人選，並不是實際統軍的大元帥。張良、李泌從未親帶軍隊作戰，曾國藩在前線，自己帶軍，每戰必北，但亦終於勝利了。因為大局面作戰下參謀人才之重要，這可說明中國史上文武不分，而且文人在軍中，其地位更重於武將之內在意義。

因此從中國歷史看，我總覺得中國軍人之偉大。因為中國軍人裏面最主要的骨幹還是文人，他們都有極深的文化陶冶，道德修養，並兼多方面的智識，以及政治頭腦，外交風度，種種配合，決不僅是一個專能臨陣殺敵的勇將。即如上述岳飛、文天祥、史可法諸人，都是極好例證。其他還是舉不勝舉呀！

讓我再講到中國的軍事學，且簡單一講中國的三部軍事書籍：

第一部要講孫武兵法，我疑心此書並非吳國孫武所著，實在是齊國孫臏的書。這一部書，不僅講戰術戰略均極高明，而且從人生最高哲理中發揮出一種「戰鬭哲學」，至今已成為全世界公認的一部兵事學的上上著作。

第二是明代戚繼光的練兵記實，他以大教育家的理論來練兵，他能配合各地方人的個性來分別訓練兵種，以道德學、心理學、教育學與軍事學配合，發揮出一部最上乘的「練兵學」，實在是東西方軍事書籍中從無如此造詣的。

第三是清初顧祖禹的讀史方輿紀要，這是一部中國軍事地理書。凡中國歷史上用兵所經的地方，進退攻守形勢，都有詳細分析。從中國三千年歷史的實際軍事經驗來綜合出一部中國的戰略地理，這是一部卷帙極浩繁的大著作。日本人對此書非常重視，書內所列，無論鄉村小河，丘陵小道，只要發生過軍事關係的都有記載，日本人曾為之編索引，用便檢查。他們侵入中國，此書即作為用兵嚮導。顧先生是明末遺民，他曾親身從事革命，失敗後著此書，重要在推翻一個大家一向所抱的偏見，即總認為只有北方打擊南方，很少南方打擊北方。顧先生的意思，只要運用得宜，任何一地都可以向外邊打出，完成統一大業。此書最要用心，是要喚起將來的革命家注意，不必限於北方始可用兵統一南方。清初吳三桂，從雲南起兵，到了洞庭湖，不直取武漢，是其失敗主因。太平天國從廣西起兵，到了南京，不全力直往北打，遂致失敗。曾國藩的勝利，乃在佔住武漢，始終沒有丟。這些軍事上的實際教訓，都合顧祖禹那部書的分析。

我們只舉以上三部書，即可見中國文人對於軍事戰略、戰術、訓練方法以及軍事地理的研究，實在都有極高深的成就。

近代中國的國防，仍然在北方。林則徐在一百年前鴉片之戰以後說：「中國大敵，並非英國，而是俄羅斯。」這話還是應驗。中國北方敵人，二千年來，都被我們解決了，今天便不該無法解決。我看到西方羅馬帝國，抵不住北方蠻族侵入；又看到拿破崙大兵進入莫斯科，而狼狽退卻，常想起中國史上如霍去病、李靖等絕漠遠征的艱苦偉大的成功。今後應該如何保衛我們的國防，那是我們的責任了。

第五講　中國歷史上的教育

一

政治、經濟、國防，當然是三個很重要的部門，教育也許是更基本更重要的部門吧！「教育救國」，這是五十年前中國最流行的一句話。一般意見，幾乎都認為教育是救國的主要途徑。換言之，救國要從教育著手。可是此一觀念，在最近一二十年中，卻逐漸模糊低沉下去，好像今天的中國人，已經對「教育救國」失去信仰了。老實講，一般關心國事的人，目覩今天的學校、今天的青年、今天的教師、和一般教育的實際情況，不但不再信仰教育救國，抑且對之有反感，至少都加以輕視。這五十年來的中國教育，從某幾個角度看，實在是失敗了，至少沒有做到五十年前那些主張教育救國的人們所抱的希望與理想。

說來很慚愧，我從民國元年便開始教書生涯。我從事教育界的生命，便和中華民國的壽命一般長。至今回想這四十年中，我們從事教育工作的人，一些也不能達到當時主張教育救國、信仰教育救國者的理想與希望。而且這四十年來的教育情况，實在是愈後愈不如前了。這那能不深感到一種慚愧呢？但我們也該深深的反省和檢討，這幾十年來中國教育界之失敗，其病根究竟在那裏？

我們講教育，應該從比較廣泛的看法來講，不要太狹義，不要以為學校教育已盡了全部教育之能事。一個二十多歲的青年，從小學直升到大學畢業，當然學校教育是一段重要的過程。但從人類、國家、社會各方面廣義的教育來看，我們决不能只以學校時代年輕的一段，作為教育功能之全體。我想我們幾十年來教育之失敗，便失敗在把教育看得太狹義了。

正為我們把教育看得太狹義，於是使教育與整個人生脫了節。一個大學剛畢業的青年，踏進了社會，便沒有教育了。學校和社會並不是一回事，而家庭和學校又不是一回事。在家裏並沒有教育，跑進社會，跑入政府，都沒有教育，只硬抽出中間一段來作為教育時期。青年一出學校，看到社會全不是那麼一回事，他才感到須另求適應。至少我們今天的教育是和其他部門隔離的。學校和家庭不配合，和社會不配合；青年人和中年、老年人不配合，教育當然不能收到預期的功效。我這番意見，並不專針對今天我們的教育失敗而言，我卻是看了整個歷史上的教訓而纔有所感的。總之，教育不該僅限於學校，學校教育也不該僅限於青年，這在中西雙方的歷史教訓裏，一樣地眞實的。

二

今天我講中國歷史上的教育，將從廣義的觀念上來講，同時也如講政治、經濟般，先將西洋歷史上的教育情形作一簡述，來相比照。

西方教育自希臘講起，那時希臘社會上有一批所謂「哲人」，也有人稱之為「詭辯家」，他們到處遊行，教導青年，作為講演及許多奇怪的辯論，造成當時希臘很壞的風氣。在這樣情形下產生了蘇格拉底，他旨在講述人生的共同眞理，來挽救當時詭辯學派的流弊。但他實際上也卻仍舊沿用詭辯派的方式，換言之，他仍是用「言辨」方式來啟發思想，只重在求得一公認的結論而已。蘇格拉底大弟子柏拉圖，他有一本名著理想國，裏面有一節很詳細地闡述他理想國的教育制度。他說：「一個孩子生下地，就應該交給國家，由兒童公寓撫養，使他們認不得父母，這樣才能訓練成一個國家的公民。」柏拉圖的「理想國」，主張硬性把人分為截然的幾種，如哲學家、軍人、商人、農民之類。政府憑藉考試和測驗，來分別人的天性，從青年時便指派定造成絕對相異的人物。治國的領袖則歸諸哲學家，這國家便是一種哲學理想之實現。一切教育，配合到此哲學理想上。柏拉圖理想國裏還講到共產主義，公妻制度。這眞是一本奇怪的書。他只講理論，並不顧及人生個別的內心要求。但柏拉圖此書，對後代西方卻是影響甚深。

柏拉圖大弟子亞里斯多德，他闡講教育，沒有像柏拉圖那般偏激。他認為一個國家的教育，要配合這國家的政治，以國家政體為重，而用教育來作為它的工具。亞里斯多德有句名言，他說：「人類是一個政治性的動物」。人和其他動物之最大不同點，就因為人類懂得政治，要參加政治，所以教育也該配合國家政體。此話還是脫胎於柏拉圖，只沒有柏拉圖般講得具體。

蘇格拉底、柏拉圖、亞里斯多德在當時，看到希臘盛行的詭辯學派和極端個人主義之流弊，他們想要起來補救，提出他們的一套教育理論，其用心未可厚非。但那時馬其頓已很快併吞了希臘，希臘人也沒有機會來實現他們古代西方最高最先的那番教育理論了。

到了中古時代，西方人的教育，完全掌握在基督教會的手裏。基督教是一種出世的宗教，抹殺了人世間的一切來祈禱於上帝與天國，那是有流弊的。直到他們脫離了漫長的中古時期，現代國家成立了，於是開始有國民教育之興起。這是近代國家的政府，在向教會爭取民眾的教育權。若我們顧名思義，眞個人類教育專以國家為前提，由各一國家的政府專為養成其所需要的國民而確定教育制度，決定教育方針，這一種教育，便很可能走上柏拉圖與亞里斯多德的理想。

普、法戰爭後，普魯士威廉大帝曾說：「毛奇將軍的貢獻，還不如我們的小學教師。」從這句話裏，便可知道當時德國教育是如何地配合了他們政府的國策。因此，他們的小學教育，幾乎等於是軍事教育，國家是他們教育精神的最高目標。這一種教育，實在也可有極大的流弊。幸而他們這一種教育，還沒有發揮到最高點。但如後來的希脫勒，乃至今天的蘇維埃，他們的教育方針和教育制度，那即無異於眞在實現柏拉圖的理想了。

西方人在「教會教育」與「國家教育」之外，還有一種「個人自由」與「現在享樂」主義的教育，那可以說是現代西方的大學教育的最高標準。這一種教育，專重在傳播知識，尋討眞理，從智識眞理落實到技術與職業。它所嚮往的終極目標，則為個人自由與現世享樂。然而這樣的教育宗旨與教育方法依然有流弊。「知識」和「職業」，根本上都有它先天的「不自由」和「不平等」。人生不能無智愚，有的是天才，有的是下愚，有的則是中乘之才。同時職業必帶有專門性，專門了便不自由。我今天決意做醫生，就不可能再想做律師。天給予人的禀賦不同，甲適宜於音樂，乙適宜於文學。社會環境，又如此般複雜。中國俗語說：「三百六十行，行行出狀元。」照理講，民主政治之下，每個人都可做大總統，但事實上，幾年內全國只得有一個大總統。數十萬軍人，只要你有才能，有功績，照理講，人人都可做大統帥，但事實上，也只有一個人可當大統帥。譬如賽跑，人人有跑第一的希望，實際上，不論多少人在跑，第一名只限有一個。那豈不其他許多人，全都為來造成這個人的獲得第一的麼？如果只讓他一人跑，也就無所謂第一了。

如果教育專講知識和職業，對社會必然會發生兩大影響：

一、是使人與人之間逐漸的分離。你學工，我學醫，他學法律，各不相關。

二、是叫人與人盡成為比賽。每一行業裏面都免不了有一個競爭，競爭中卻只許少數成為傑出的，其餘大多數全落後了。那麼人生究為的甚麼呢？是不是專為陪襯旁人做跑龍套，好來烘托出一兩個叫座的主角的呢？

所以知識和職業教育，雖說給你平等機會自由競爭，實際上，成功的只限於少數人，失敗的必然是大多數。在失敗者的內心裏，一定會感到苦痛，而產生怨恨。由怨恨自己而怨恨家庭，怨恨社會，變成一種忌刻心理。你成功了，我打倒你。即使我沒有成功希望，也要打倒你才甘心。所以這種個人自由的教育，雖有極大貢獻，也有上面所講的病痛。西方人到今天尚不深切感到此種病痛，正為他們在個人自由教育之旁，還有「宗教教育」與「國民教育」之存在。

西方人脫離了學校，跑入社會，擔任一份職業，成立家庭，擔負一份生活費用。在社會上有成敗，有痛苦，有沉悶。可是一到禮拜天，進入教堂，則大家全一樣。上帝看人，是無分智愚、成敗一律平等的。人與人之間，在這時候，內心上是完全溝通了。由於此種宗教修養，無形中瀰漫到全部日常人生中，這在社會風氣，心理習慣上，影響是深微難言的。所以今天的西方，雖是科學極發達，總還離不了宗教。假使沒有宗教，就會單走上柏拉圖「理想國」的道路，不讓個人有自由，蘇維埃便是一好例。

由上所說，今天的西方教育，大別可分三大類：

一、宗教教育。

二、國民教育，或說國家教育。

三、個人自由的教育，即知識與職業的教育。

西方是在此三項教育之配合下，才發生了他們今天教育之功效。他們教育之成功，在這三方面之配合。他們的弊病，則在這三方面中間的磨擦。蘇維埃今天的教育，則專以其中的一項即「國家教育」為中心。個人的知識及職業，均須配合國家意旨，而宗教則根本不存在。若說他們有宗教，便是共產教，把馬克思、列寧來代替了耶穌。

三

倘使我們把西方現代教育如此般分析，再回頭來看中國的教育，則我們對近五十年來中國教育之失敗所在，將更易明瞭。第一是這五十年來的國家教育，沒有盡其很大的責任。這五十年來，不能說我們的小學、中學教育沒有相當的成績，但國家政治未上軌道，國家的信仰未能建立，法律制度天天在搖動。所以一個青年，在小學、中學裏有國家，出了大學進入社會，便不免以個人為重，國家為輕了。因此中國今天的教育風氣，小學生第一目標在進中學，中學生第一目標在進大學，大學生第一目標在獲得出國留學的機會，如此便成了一種賽跑式的教育，這是一種個人主義的機會比賽。

在今天，一百個中學畢業生，最多能有十人進大學，其餘九十人全失敗了。假使我們留心這九十人的心理，他們總覺得這是人生一憾事，而暗暗地在其內心鬱存了一個沒有解開的結。他們對於成功者，從其內心裏並不感到佩服。認為這是機會，是幸運。即使留學生回國，也仍在機會的比賽中，真能找到適合理想工作的，亦還是鳳毛麟角，其餘也都失敗了。中國近五十年來的教育，就走上了這條路。於是一般青年，不是頹唐消極，便是過激破壞、種種不滿意。一個人不怕生長在窮苦的家庭裏，最怕是生長在只有父親沒有母親，失了溫暖的家庭，容易造成他孤僻反抗，不近人情的脾氣。今天的中國青年，都像失掉了母親似的。難怪他們有許多壞脾氣。

西方社會的母親就是耶穌，耶穌能夠給他們溫暖，安慰。一逢禮拜天，進去教堂，人與人之間，從其內心深處，獲得了溝通。日常競賽的成敗優劣，在教堂裏全停止消失了。每一人在晚上，還可以向上帝禱告，祈求上帝瞭解他，撫慰他，目前雖失敗，將來一樣可以進天國。所以說到西方最理想的個人自由，實在莫如信仰上帝。耶穌的十字架，便是西方社會個人自由的最高標記。縱使在當時，盡人認為耶穌可殺，但耶穌個人的自由精神，可以直接接觸到上帝，可以獲得上帝的愛與救。耶穌的內心，還是勝利，還是滿足了。

人生在世，國家有法律，社會有風俗，職業有固定，自由是有限的，平等則更有限。人人祈求向上，而人人不免落後。人世間不可能滿足每個人向上的希望與理想。人的智慧有愚智，體質有強弱，家庭經濟有貧富，投入社會又有多樣複雜的不同環境，人好像生來就不平等，不自由的。學校教育若僅是鼓勵個人上進，僅注意到讓每一人都接受知識和職業技能，而沒有注意到每一人的「可能的失敗」，及其內心情緒上的「眞實苦悶」，這單方面的教育，又何能達到其理想的效能？

倘使此五十年來，中國政治上軌道，經濟有基礎，在這樣的單注重個人自由競賽的教育風氣之培植下，中國也一定會走上近代西方帝國主義的途徑。大家的競賽精神，沒有痛快發洩，便鼓著向外衝。日本便是一好例。若無向外衝的可能，則必回頭向裏，便易造成社會內部的鬭爭情緒。今天共產主義在中國抓到一般青年之追隨，便是這一股情緒在作梗。並不是馬克思的理論，眞能引導著他們。情緒到了需要發洩的時候，是不問理論的。我們該注意疏導時代的情緒，這就應該注意到廣義的、多方面的、全人生的教育。

中國今天還是只知有單型的一條線的短暫時期中的教育。在政府的意想中，只知有國民教育的重要。但在社會人心的實際反映上，卻是一種個人主義自由競賽的機會教育在鼓盪。中國人進小學，進中學，都是別有用心，都想借了國家教育的機會，來爬上他們個人自由教育的前程，趨向求知識謀職業的道路去各自奔競。如是則使人生只有鬭爭，只有分離。而社會上也只有聰明強壯的成功，不管愚笨病弱的失敗。儘他們痛苦，怨恨，忌刻，和反抗，教育是不負責任的。於是中國的現代教育，不僅不見有成效，還更發生了許多反作用。

四

現在我們再回頭來，從中國歷史上，看中國自己傳統下的「廣義」的教育吧！中國文化，是一向看重「人文精神」的。世界上任何一民族，沒有把教育看得比中國更重。中國任何一派學術思想，莫不以教育哲學為其最高的核心。中國任何一學者，幾乎全是個教育家。尤其是儒家，尤其是孔子。孔子和儒家所盡力發揮提倡的一種教育思想，和上述西方三大教育派別各不同。孔子和儒家，是最看重「道德教育」，「人格教育」，和「文化教育」的。他們創造了中國社會裏「士君子」的教育。「士」指受教育者而言，「君子」則指從教育陶冶中所完成的理想的道德人格而言。

這一種教育之內裏，便包含著一種宗教精神。而這種宗教精神，和西方的宗教精神又不同。儒家不主張教人出世，而教人即在此世做一個聖賢人。所以說這是道德的、人格的、文化的。「人皆可以為堯舜」，這是中國儒家傳統教育精神之最高理想，與最高信念。即此便足給予每個人以莫大的鼓勵。多方面的人，在各自一條生活線上，同時有成功，也有失敗。但儒家這一理論，即道德人格之尊嚴，使每個人感覺到都站在平等地位上，都儘自由地可能有成功，可能得滿足。這一精神，在中國社會有其極大的功效。它可使人人內心同樣得到安慰與滿足。

西方社會最尊的是牧師，是耶穌。中國社會最尊的是「先生」即師，是「聖人」。孔子則被尊為「至聖先師」。耶穌的背後是上帝，孔子的背後則是中國人所謂的道。因此中國人常說：「尊師重道」，歷史上從來都如此。道寄託在師，在先生，在士君子的身上。西方人的道，是耶穌出世之道，由上帝那邊來。中國人的道，是現世眼前的道，由孔子來。也可說是從人人「天性」中來。中國人罵人說：「你這個人不講道理」，這在中國人認為是對人最侮辱的話。中國人看「道」，是高於一切的。因此從「道」來看世界，則一切無分高下，都屬平等。雖高貴如皇帝，亦要尊師重道。在孔子廟堂裏，在孔子教訓下，皇帝和百姓都平等了。故說儒家教育，其精神和效用，實可比擬西方的宗教。

西方人因有他們的宗教，故可推行他們近代的國家教育，而不致有甚麼流弊。我們沒有像西方般的宗教，如果抹殺孔子，專講國家教育，則皇帝大總統便成至高無上。人無疑都是一樣的，相差不過在「權」與「位」，權與位由競賽而得，得到的必然是少數，得不到的必然是多數。沒有宗教教育而專來推行國家教育，其勢必走上極權政治，其勢必引起普遍的不滿情緒。

中國自古以來，政治所代表的是「法統」，教育所代表的是「道統」，道統遠超乎法統之上。政府官吏是「遵守法統」的，士君子是「宣揚道統」的，而「士」則由儒家精神中培植而來。孟子有一天要去拜訪齊宣王，恰巧齊宣王也有事要找孟子，派了一個人來請。孟子說：他適有病不能去。孟子隨即故意出外訪友。門弟子詢問孟子：「先生本有意訪王，何以王來請，卻又推病不往。既推病，卻又仍出訪友？」孟子說：「人生有位、有德、有壽。齊王位高於我，德未必若我，年齡又低於我，我不能受其召而往。」孟子是要保持道統尊嚴，不屈抑於法統之下。漢高祖統一了中國，路經山東，首先到曲阜拜謁孔廟。東漢章帝為太子時，張輔為太傅。後來帝即位，巡狩泰山，路出東郡，當時張輔為東郡太守。帝到，太守自當迎接。章帝說：「今天我們相見，應先行師弟子之禮。」於是張輔上坐，帝下坐，執書請教。然後再改行君臣之禮，帝上坐，太守謁見，報告政事。這是代表法統尊嚴的皇帝，自己屈抑在代表道統的師之面前的隨手偶拾的兩個例。像此類事，充滿在中國全部歷史中，只是說皇帝要做人，也要講道德，也要尊崇人格尊嚴，就也得要尊師。

漢末佛教傳入中國，那時孔子之道便衰了，宗教精神凌駕在教育精神之上。東晉南北朝時，又引起一新爭端，爭的是究竟「沙門該不該拜王者」，這仍是「道統」與「法統」之爭。和尚（沙門）是傳道的，並非皇帝下屬，故不該拜王者。逐漸地王者亦信受其道，轉變成王者要拜沙門。梁武帝不必說，即如唐太宗，也要禮拜玄奘法師，尊為國師。玄奘是傳道的，玄奘便該為師。唐太宗僅是一王者，王者僅是守法的，那得兼為人師呢？那得與師比尊呢？因此遂激起韓退之「闢佛」「尊師」的諍議。他說：「師者，傳道授業解惑者也。」授業、解惑，是指智識教育、職業技能教育而言。傳道才更是師之眞職分。韓愈所爭的是道在孔子，不在釋迦、老子。釋迦、老子道其所道，非吾所謂道。道不在，因此亦不得為人師。

那時佛教也另有一套理論，他們說：「人人可以成佛」，正如中國儒家所說「人皆可以為堯舜」一樣，故中國人較易接受。可見中國人傳統的道統觀念是人文精神的，因其是人人有份，所以才是道。尊道崇道，只是尊崇人。人的尊嚴，在道德人格上具體呈露了。在師的位份下具體代表了。耶穌教來中國，便不易如佛教般容易為中國人接受。因上帝只此一位，耶穌也只此一位，並非人人皆可為上帝，皆可為耶穌。耶穌教人獲得滿足的在出世，在身後，人人可登天堂，可接近上帝。而中國人教人獲得滿足的即在現在，在當生，即在其本身之現實生活上。故說中國文化是重人文精神的。因其看重人文精神，故必說人皆可以為堯舜，佛教僧徒改口說人人皆可當身成佛，不必再待出世與來生，這才變成了中國化的佛教，這是中西雙方宗教精神和教育精神之相異點。

一到宋代，佛教衰微了，又是儒家精神士君子精神之復活時代。那時的中國人，不再想做佛菩薩，仍想做士君子、做聖賢了。這時期最偉大的人物，首先允推范仲淹范文正公。當他為秀才時，他並沒有擔當得國家大任，但已經在其內心以天下為己任。他曾說：「先天下之憂而憂，後天下之樂而樂」，這正充分表示出士君子的傳道精神與宗教精神。即是道德人格之眞實尊嚴。後來范文正率軍到陝西，有一位十八歲青年張橫渠先生，上他一本有關軍事計畫的萬言書。范文正立刻召見，勉慰有加地說：「你正當青年，應該多讀書求道。這些事暫不要理會。」因贈與中庸一冊，這是先秦儒家講人生最高哲理的書。張橫渠經此鼓勵，從此閉門折節求學，卒成一代大儒。他後來嘗說：一個人當「為天地立心，為生民立命，為往聖繼絕學，為萬世開太平。」我們細細體會范文正和張橫渠兩人的話，我們可以想見中國人之所謂「道」，不是為自己打算，而是為別人、為大眾、為天下、乃至為後世打算。所以說它是「人文精神」。抱負這種精神的，先該犧牲着為個人自己的打算，所以說它具有

「宗教精神」。因其不主張出世，所以不全是宗教；因其不主張為自己打算，所以說它有宗教精神。這是中國傳統教育精神之最高意義，在宋代士君子身上又具體復活了。

王荊公名滿天下，宋朝皇帝請他教讀，王荊公要求自己坐講，皇帝立聽。人問之，對曰：「我坐而講，皇帝立而聽，我並不是要皇帝尊重我個人，是要皇帝尊重我所講的道。」中國人講的道是代表現世大眾，天下人類的，皇帝那得不重道？師代表着道，所以要「重道」，必得要「尊師」。此後程伊川做經筵講官，也是要坐而講，皇帝立而聽。這些事，依然是中國人在力爭「道統應該尊過法統」的傳統意見。

但我為什麼要不憚煩地來反復講述這些事呢？這些事，現在說來，似乎與時代隔遠了，或許我們聽了會不感得興趣。但我們該知道，任何一個社會，定要有大家「共同尊崇」的一些對象，這社會才能團結存在。這大家共同尊崇的對象，才是教育的最高精神所寄託，所憑依。

西方人大家敬重耶穌；蘇維埃大家敬重馬克思、列寧；現在中國，這五十年來，卻缺乏一個大家敬重的共同對象與共同中心。於是在銀行服務的只知敬重銀行行長，在醫院服務的只知敬重醫院院長，這社會自然會四分五裂，必然會引起派系爭端。中國這五十年來的教育，似乎只是教小孩子讀書識字，教青年人謀求職業，不是在教整個的人生，不感得需要一個超乎一切的最高中心，共同尊崇的最高對象。如此般的社會，那能不各有距離，又那能從其內心深處獲得互相溝通？試問這樣一個分崩離析的社會，又如何得團結凝聚？

我們必得要求有一個最高中心，為大家共同尊崇的最高目標與最高對象。這一個對象，為人人所共同情願向之低頭而受教的。但這個中心與對象，卻不該把政治上的最高權威來充當。同時這一個最高的目標與對象，又須人人可以走得到，人人可以爬得上，否則豈不變成了一個專用來壓迫人的東西嗎？此在中國，便是「人皆可以為聖人」的道理。聖人只是一種人格尊嚴，而這一種人格，又並不是什麼難做的，卻是人人能做的。我做一件事，若讓旁人做，也只能如我般，不能比我做得更好些；即使聖人來，也只便如此，那我便即是聖人，就是第一等人，就獲得了我的人格尊嚴。這不從智識講，不從才能講，只從「心地」講，只從「道德」講。只有如此，才能人人自由，人人平等。設使叫我做一個數十萬大軍的統帥，我才力智謀有不能，那是無可勉強的。但如我做一小兵，我勇敢地服從命令，忠誠地犧牲生命，那在我是沒有什麼不能的。然而我已盡了我的責任。就小兵論小兵，也有這小兵的人格尊嚴，那小兵便是一聖人。因為任何聖人來當此小兵，也只能如此小兵般當，聖人不能比我當小兵更當得好些。當小兵是我的職分，如何當卻是我的道德人格。聖人只論人格高卑，不論職分大小。天地間只要不能沒有小兵的職分，那如何說當小兵的便不能就是聖人，就是第一等的人呢？明代王陽明先生，發揮「良知之學」，後來說成「滿街都是聖人」，簡言之便是此理。

中國人崇拜道德，崇拜聖人，連皇帝在內，也該同樣的向聖人和道德人格崇拜。因此有時，皇帝該崇拜一小吏，大統帥該崇拜一小卒。滿洲人進中國，是極端專制的，但也不敢違背此理。他們一面崇拜孔子，一面又崇拜喇嘛。拜孔子，用來拉攏漢人；拜喇嘛，可以拉攏蒙、藏民族。若只教崇拜滿洲皇帝，他們也不能維持兩百餘年的政權。但畢竟中國的聖人高過了蒙、藏人崇拜的喇嘛，因為聖人是一種人格尊嚴，人人可做，那才是最自由、最平等、最博愛的，有當於人心所共同要求的；可崇拜、可敬仰、可奉為教育最高理想的合理的對象。

五

今天的中國人，連當年滿洲人的智識也沒有。今天中國教育精神上所最缺乏的，若比擬西方來說，不是國家教育，也不是個人自由的知識職業教育，今天中國僅缺少了宗教教育。中國原有一個孔子之道，今天的中國人，一定要推翻自己的，抄襲別人的，我們偏要高呼「打倒孔家店」，高呼「全盤西化」，但又不能誠心接受耶穌教，於是進來了共產主義，叫人共同來崇拜馬克思。

說到這裏，我還有一個意見該陳述。我們總該以「文化來領導政治」，不該以政治來領導文化。教育是代表文化的，不是代表政治的。

或許有人說，此後中國的教育，應該積極提倡個人自由，但個人自由該有限度，否則必出大毛病。西方人講個人自由，有兩大限度。一是不超過國家和民族，一是不超過上帝和耶穌。因此他們講自由，可以沒有大毛病。

也有人說，此後中國的教育，應該以國家民族為前提。但國家民族是空洞的一句話，誰眞代表著這國家與民族呢？若把政府來代表，這便要走上極權。理論儘高的是柏拉圖，當前最具體的是列寧和史太林。若說代表國家民族的是平民大眾，我們正為要教育平民大眾，又誰是代表此平民大眾呢？

說到這裏，只有這一個國家和民族的歷史與文化，此即中國人之所謂「道」，才是眞代表了國家和民族的。中國此後的教育最高精神，必然要向自己國家民族的傳統歷史文化中找求，這是無可懷疑的。今天的中國人，往往不探本而求其末，所以要在小節處吹毛求疵，打倒歷史、打倒文化、打倒一切傳統。教育的大綱領、大精神，永遠沒有能提出來，那確是一件最大危險的事。知識愈發達，人生相互間的距離愈遠；競爭愈烈，則人生之痛苦愈深；個人愈自由，將愈不平等，社會將日見其不穩。中國人所講的道，便是穩定社會的基礎。中國社會今天正缺乏此一穩定基礎，而僅知專從教育制度或教科用書上求改進，拼命抄襲西方，那是緣木求魚。

當前的最大問題，仍在如何重建這一個「道」，即重新發揚我們的歷史文化。重新提示出我們一向所看重的「人格尊嚴」和「道德精神」。

這事並不需得我們來悲觀。唐末藩鎮割據，接著五代十國，在中國歷史上，是一段最黑暗的時期。宋初建國，未到百年，便出了兩個大人物，范文正和胡安定。范文正是中國一偉大的政治家，胡安定是中國一偉大的教育家。范文正幼年喪父，其母再嫁，他借讀僧寺，窮無以生，但仍毅然以天下為己任。其人格精神，可謂崇高偉大。胡安定江蘇人，曾在泰山半山腰一個道士廟裏讀書，他每逢接到家書，上有「平安」二字，即棄投澗水，恐開讀了亂其向學之心。他在寺讀書十年，才從黑暗中獲得了光明。范文正聘其辦學，不數十年，中國新時代降臨了。此下宋代的風氣和人才，便由他兩人提倡培植起來。這比西方中古黑暗時期的一輩基督教會的教士，所對人類歷史文化的貢獻，是有勝無媿的。這是我們今天的榜樣。

好了，讓我總結這一次的講演吧！總之，一國家、一社會，必須具有一共同信仰、共同敬重的「道」，而此道又必是整個人生的「道」，既不偏政治，也不偏科學，也不是偏在人生中某一部分的。若今天有人能發明這個「道」，其人便是新孔子、新耶穌。人同此心，心同此理，人人自會崇奉他，信仰他。若果今天沒人發明得新的，從前孔子講的道，在我們中國講來並不錯，我們不該輕易喊打倒。空喊也沒用。我們該回過頭來，細心體味，再五體投地的崇拜奉行，如此才始談得到教育。

第六講　中國歷史上的地理與人物

一

我們若譬喻歷史是演戲，則地理就是舞臺，人物就是角色。現在我們來講中國四千年第一本大戲中的舞臺和角色。

西洋史很清楚，開始是希臘人有希臘史，以下是羅馬人有羅馬史，近代則各國有各國史，如英國、法國、德國史之類，亦即分別記述了英國人、法國人、德國人在英國、法國、德國土地上的表現。

講到中國，自古迄今，就是中國人在中國土地上表演，好像很單純。今天我們試拿讀西洋史的眼光來讀中國史，中國土地之大，即等於一個全歐洲。我們若分開地區來看，就會在歷史上發現很多新花樣。

最早的中國，並不和現在中國般，那時的活動範圍，只限在黃河流域一較狹小的地區。古史傳說中之神農氏，大概只在今河南省的西部，黃帝則像在今河南省東部，活動範圍都不大。唐堯、虞舜，便在今山西省南部，龍門下黃河南套的東北面，在同蒲鐵路的南端。夏，商，周三代的活動中心，也不過在今天河南、山東和陝西省東部，山西省南部，及河北省的一部分，最多達到漢水上流和淮水北部，要之是一個不完全的黃河流域。

中國史上擺開一個大規模局面，要從春秋時代起。那時一般的文化經濟，可以東西劃分。黃河流域上游，即西部（實在是中部，今陝西、河南一帶），則文化經濟較差。黃河下游東部，文化經濟較盛，都在今山東境。代表著西周新興的正統的，這一區以齊、魯為主，向西為宋、衛，在今河南省東部，還算像樣，這一半代表着殷商之舊傳統。再西為山西省南部的晉，河南省中部的鄭，文化經濟均已差。再向西到陝西，為文化經濟比較最落後的秦。向南為漢水流域的楚，這在春秋時期，還被視為蠻夷。至於長江流域的吳、越，直到春秋末期纔突起，但到戰國時又沒落了。那時長江水道上下尚無交通，從吳到楚的交通線，並不是順江東下，而是經皖北沿大別山脈至河南信陽，再銜接到漢水中流的一條陸路。再看北方，戰國初期，燕、趙文化較落後，要到戰國中晚始像樣。所以黃河流域乃中國古代文化經濟最主要的中心。

秦代統一中國，轄地已同現在差不多，但其實際中心，仍在黃河流域。漢代繼續建都長安，因西方經濟不足維持一個中央政府的需要，常要從東方大批運糧接濟。那時的漕運，則全指的黃河而言。

東漢建都洛陽，多半亦為遷就經濟現實問題，可以避免大量物資由東向西運轉上之耗損。洛陽和長安，始終成為古代中國的兩大中心。直到三國時代，長江流域纔正式跑上中國歷史舞臺。那時所謂魏、蜀、吳三國鼎立，吳、蜀地盤擴充到南方。但人才還都是北方人。即如劉備，諸葛亮，亦均為北人南遷。三國併於西晉。還是黃河統領了長江。

直到東晉南渡，建都金陵，長江流域始獲有中國歷史上的正統政府，但這是一個偏安的，不是一個統一的，而且仍是北人南移，不是由長江流域人所經營而建立。直從三國時代的吳，以至東晉、宋、齊、梁、陳，合稱為「六朝」，都建都南京，這是一個金粉朝廷，大體上只是北人到南方來偷安享樂。南北朝時代的北魏，稱為北朝，與南朝宋、齊、梁、陳對峙。當五胡時，洛陽已經殘破，人民都向四周移動。一部分南遷長江流域，另一大批東北逃出熱河山海關，移向遼東。又一大批西北遷避到黃河西岸甘肅、寧夏一帶（即當時的五涼）。以後此兩大支，又集合起來依附到北魏，奠都平城（在今山西之大同）。到魏孝文再遷洛陽，不久又分裂。長安與鄴（大名），分為東西兩魏，此後隋唐統一，纔始恢復以長安、洛陽定為兩京的周、漢舊局面。長安因中央政府所在，戶口稠密，文武百官集中，關內糧食不够供給，仍如西漢般由東部大量向西運輸。政府為要撙節此一部分運輸費用，採取移人就糧的辦法，一年中幾個月駐節長安，幾個月移居洛陽，這樣來遷就事實。

大家知道，隋煬帝開濬運河，自開封到徐州，再由徐州南下直到揚州，在先是軍事性質的由北侵南，在後則是經濟性質的由南養北。在開封以上到洛陽的一段，是和黃河並行的汴水，原來很早便有的。但開封以下的水道，也並非隋煬帝所鑿。三國時曹操率領水師攻東吳，即由洛陽到開封而至皖北，回師時繞道徐州，全路程都由舟船水道。魏孝文亦曾有心利用此一段水道來輸送軍糧，控制南方。隋煬帝不過把此一段連貫南北的原有水道加深加闊，重新整頓，使中原水師可以順流直下，逕抵江邊。在先是為了便利軍事，以後則轉落到經濟目的。南方漕運，即由此轉輸洛陽、長安，來給養這一個大一統的中央。

此下安、史倡亂，北方經濟開始崩潰，更須仰給南方。中國史上的經濟比重，實要到唐代安、史以後，纔開始有南重北輕之勢。唐代漕運數字，歷史上均有詳細統計。那時每年運送中央的米糧，在玄宗天寶年間，以河南、河北為第一位，關西、河東（山西）為第二位，淮南、江南為第三位。自經安、史之亂，北方藩鎮星羅棋布，都要養兵十萬二十萬以上，軍隊要俸餉，裝配又講究，所有稅收，都被截留，不解中央。當時的中央政府遂不得不全靠江南稅收來維持。足見當時黃河流域的經濟也並未破產，只為各地軍閥全浪費在武裝上去了。

五代十國幾達一百年的長期擾亂，北方黃河流域纔正式趨向衰落，南北經濟比重更見倒轉，此一大轉變，直到宋代始確定。宋代建都開封，其最大原因，也為便利江南米糧北運。若從開封再運洛陽，又要增加數百里水程，於是宋代政治中心，纔始脫離了周、漢、隋、唐以長安、洛陽作為黃河流域一橢圓兩中心之舊形勢，而轉移到開封。開封是中國東部的南北中心，但地勢平坦，四周無險要屏障，乃一四戰地區，遷就了經濟打算，折損了國防計畫，所以宋朝始終成為一弱國。

元代建都北京，此係遼、金舊都，那時全部經濟更多取給於長江流域，遂開始採用海運，由天津入口，經白河，運北京。這海運的源頭，便是一條長江，江、浙是第一源，江西是第二源，兩湖是第三源，這是太湖、鄱陽湖、洞庭湖三大水庫之所鐘。大水庫四週，即是糧食盛產之所，亦即南方經濟命脈所在。元代在此三個湖區，所徵糧食，幾佔全國糧額三分之二。明代不用海運，又另闢一條運河，自揚州、徐州直北經山東、臨清而抵天津。這一運河開挖並不省力，所經地勢有如橋形，兩旁又沒有水源，水量多半要靠地下泉。水流要賴閘門開閉來調節，那是極費工程的。天然的憑藉少，人工的誘導多，那條運河工程之偉大，實不下於古代的萬里長城。

我們現在常說：長江下流太湖流域是中國經濟最富庶的地方，可是在歷史上，唐以前的經濟全在北方，六朝時代南京的食糧，還要靠武昌方面運來，軍隊大部駐紮在荊襄一帶，蘇南則還是漁澤之鄉。唐代財富逐漸轉移到江南，但更重要的是江南西道，而非江南東道。唐代分全國為十道，江南道又分為東、西，東道即現在之江浙，西道即現在之江西省。明代經濟中心，纔再從江西移到江東。那時分為南糧、北糧，北糧只佔全國五分之一，南糧卻佔五分之四。其中蘇、松、常三府即佔有三分之一，蘇州一府田賦超過浙江全省，松江一府已抵江西省之一半，常州一府即超過兩湖半數以上。

清代乾隆十八年的田糧統計，南糧佔八分，北糧僅佔二分。乾隆四十四年統計，南糧收入已達北糧之十倍。明清兩代屢為此種賦稅不平衡提出呼籲，直到曾國藩做兩江總督，李鴻章做江蘇巡撫，仍還上奏為蘇、松、太三府人民請求減租。這三府田租較元代增加三倍，較宋代增加了七倍。這三府田租也比常州府多三倍，比鎮江府多四倍，比其他各省多十倍數十倍不等。大概統計，明清兩代，蘇州一府的田租，比唐朝該增加了五十倍之多。

一面是賦稅偏重，另一方面則現出經濟偏枯。中國歷史上以漢、唐為最強最富時期，但那時卻全部靠黃河流域，不靠長江流域。可見古代歷史上的黃河，是中國之利，非中國之害。所以中國文化，大部分由黃河流域人創造建立；長江流域人，僅居承襲發展之功。平心而論，中國歷史宋以後，實不及宋以前。至少遼、金、元、清四個朝代打進了中國，即十足暴露了宋以後中國歷史之弱症。我曾到山東曲阜拜謁孔子廟，參觀碑林，所見是金、元、清三代皇帝的碑多，中國皇帝的碑少。孔廟是中國二千年傳統文化最可紀念的聖地，我們只一看那裏列代皇帝所立的石碑，便該有所感慨警惕了。

再以人物論，唐以前大皇帝、大政治家、大學問家、大軍事家、大文學家、大藝術家、一切有名領導人物，十九都是北方人。宋以後始有南方人跑上政治舞臺，由南方人來領導中國。學術上的重心，也漸漸轉移到南方。然而宋以後的中國，便遠不如宋以前，這一層是研究中國歷史很值得注意的。

中國從古代起，經濟上很佔地位的是養蠶繅絲。今天講蠶絲，大家很容易聯想到太湖流域，實際上唐以前中國的蠶絲事業，發達在黃河流域。唐代有一將軍率軍駐紮江蘇，他因南方人不懂栽桑養蠶，即募大批北方女眷配合駐軍，來指導江南人的絲織事業。五代十國時，石敬瑭割幽薊十六州，認契丹為父，每年送絹三十萬匹。石敬瑭當時所據地區，只限於黃河流域，但他還有力量年送絹三十萬匹之多。到元代，山東舘陶縣蟲災。四十萬棵桑樹被害。也許當時植桑，用來取皮造紙的多，但舘陶一縣即有桑四十萬棵，也可想見那時北方蠶絲事業尚未完全衰落。直到明清兩代，絲綢始全部盛產於南方。

另一件是陶瓷工業。大家知道中國磁器開始流傳到法國，幾乎和黃金比價。宋代最有名的磁，如定窰，在河北定縣燒鑄的。汝窰，柴窰，都產於河南省，那時江南有名的，只有浙江處州的龍泉窰、哥窰，江西景德窰還不發達，但是今天大家只知道景德窰。

主要的經濟轉移關鍵在農業，主要的農業轉移關鍵在水利。宋以前的江蘇省，從蘇州到崑山，還都是水澤，沒有陸路交通。宋朝有一位水利工程師，開始設計在蘇州、崑山間築成堤岸，這是歷史上有名的至和塘。在今京滬鐵路所過，蘇州、崑山一帶，在宋代還是一片汪洋。它的地理形勢，有些似西方的荷蘭，陸地比海面低。少水固是害，多水也一樣的受害。那一帶的水利興修，自五代十國的吳、越，開始急激猛進。從此江南的農業經濟，始煥然改觀。若我們在飛機上下瞰這一帶的河流排列，溝洫灌溉，極錯綜，又極整齊，那都是人力，非天然的。這一種的水利工程，很值得我們注意。

我們也儘有理由來推想，在古代的黃河流域，一定也相似於江蘇太湖流域般，水利發達，因此農業亦發達。後來水利逐漸衰敗了，河流都乾涸，農業逐步衰退。今天黃河成災，卻也是人為的。最近幾十年，長江流域也逐漸發生水災了，連太湖流域也時有災荒。如再繼續下去，水道不加疏濬，長江也可能為黃河之續，那亦將是中國之害了。

我們該知道，從來沒有一塊地，天然就只給人類以利的，都得經人為改造，纔能日見其利。古代中國的經濟中心在北方，人才也在北方，所以北方地利有辦法；近代中國的經濟中心在南方，人才也在南方，因此南方的地利比較有辦法。今後假使我們不注意這些問題，長江流域也會變成沒辦法的。換言之，若使我們能注意到這些問題上，北方也依然有辦法。

二

我們再從經濟講到文化。

有些地方文化發達得早，有些地方文化發達得遲。譬如珠江流域廣東一省，在唐代只出了一個宰相張九齡（曲江人），福建省直到唐代韓愈時，始有第一個大學生進入大學，可見那時廣東、福建的文化，既不及長江流域，更不及黃河流域。宋明兩代文化學術最活躍的在江西，江西人掌握了全國政治文化上的最高地位。今天的湖南、四川人，很多由江西遷去。江西在宋以後，比較上是南方中國人文中樞。要到明代下半期，始是江浙人興起。到清代纔有湖南，廣東、廣西，雲南西南地區人跑上政治舞臺。

德國史學家斯賓格勒氏嘗說：「文化發展到某一階段的最高峯，必然會衰落。」若把歐洲看，希臘轉向羅馬，再由羅馬轉向英、法諸邦，今天英、法諸邦又開始轉向衰落，似乎斯賓格勒的話證驗了。但中國則不然。中國地方大，因於文字統一，語言也比較統一，思想文化亦隨之統一，此與歐洲不同。因此，黄河流域衰了，轉向長江流域繼起新生，只成為内部變動，大傳統還是個中國。所以我們覺得歐洲史變化大，中國史變化小，這由我們的祖先，替我們先建立了一個大一統的版圖，不像西洋各國此起彼落，都侷促在小圈子裏。一個國家強盛興旺了幾百年，盛極必衰，必然要起變化，好像是自然安排給人生的悲劇。正如一個人到了四五十歲以上，學問深湛了，經驗豐富了，意志也堅強了，可是身體卻衰退了。一個社會安定了好些年，也同樣的一定要動搖，要發生變化。魏晉南北朝是中國歷史上衰亂的時代，一大批人移居到長江流域，一大批人去到遼東，一大批人分散至河西，文化政治傳統中心的洛陽，正如一陣颶風的漩渦中心，空了。馴至銅駝荊棘，瘡痍滿目。但向四外奔逃出去的人，卻在新環境裏獲得了新生命，慢慢轉回來，再凝結，便形成隋唐的統一。

這種中國歷史裏的新生機運，專治西洋史的人，不易瞭解。因為他們是多元的小單位，而我們則是一元的大單位。若説希臘完了來羅馬，羅馬完了來近代西洋。他們的文化也還是不斷新生，那是無所用其悲觀的。但從小單位看，我們單看希臘、單看羅馬、單看現代的英法，便不免要有斯賓格勒的悲觀意想。但我們若把斯賓格勒的悲觀來看中國的前途，那又錯了。

中國各地區的文化興衰，也時時在轉動，比較上最能長期穩定的應該首推山東省。若把代表中國正統文化的，譬之如西方的希臘，則在中國首先要推山東人。自古迄今，山東人比較上最有做中國標準人的資格。他們最強韌，最活躍，大聖人、大文學家、大軍事家、大政治家，各種偉大典型人物都有。既能平均發展，還能長時期維持不墜。第二纔推河南、陝西、山西、河北人。至於江、浙、閩、粵人，大體上說，氣魄不够雄偉，僅賴北方中國祖先餘蔭，實不足代表中國人的標準風格。目前的中國文化，則都集中在東北從遼東以迄西南達廣東的沿海一條狹邊上，愈向內，愈黯澹，直到西北邊寧夏、蒙古、新疆、西康、西藏、至滇、緬邊境，我們一概置之度外，不加理會。如一個大瓜，腐爛了大半個，只剩沿海一線，則只是一層薄皮了。

西方文化，從歷史轉動趨向言，先由希臘轉到羅馬，再從意大利移向西班牙、葡萄牙、荷蘭、比利時、法蘭西、英吉利、德意志、而到今天的蘇維埃，大致是由小地面移向大地面，由溫帶移向寒帶，由低處向高爬。希臘是小區域的溫暖地帶，德意志、蘇維埃是大面積的高寒地帶，這是西方文化的地面動態。在中國呢？這一趨向卻恰相反。從黃河流域，以長安、洛陽為中心的漸漸移到長江，再由江浙移趨閩粵，正是由大地面移向小地面，由高寒地帶向低暖地帶滑下。西方如逆流而上，中國則順流而下。這一對比是極可注意的。

只為中國地方大，經一次大變亂，人便向四面跑，舊文化移殖到新園地上，又產生出新生命。中國歷史上每一次大亂，同時總留有幾塊乾淨土，留作新文化的處女地。讓舊的人才移殖，讓新的生機萌動。你若遊歷全國各城市，各鄉村，各名勝，到處有歷史遺跡，到處有文化紀念。即如山西大同，在南北朝北魏時候，那裏是政治文化中心，曾集結了很多人物，軍人、學者、政客、僧侶，都有出色人。這些地方在今日，是荒涼不堪了，僅作為我們憑弔之區。若大同是單獨的一個國家，單獨的一種文化，那是斯賓勒格的話確實有驗了。但在中國，各地區的盛衰興落，無害於大系統的文化之貞下起元，層出翻新。因此中國文化是勁氣內轉的，它能單獨跳出了斯賓格勒文化悲觀論的圈子外，而繼續生長，欣欣向榮，機運不絕。但從大局面上，中國文化之從大處高處冷處轉動到小處低處溫暖處，常是順溜的滑下，不能奮力的翻上，那卻是中國文化演進值得悲觀，至少是值得警惕呀！

三

我在對日抗戰期間，曾為此意，寫過兩篇文章，主張抗戰勝利後，國都決不可再設在南京。江浙沿海一帶，雖是今天經濟文化之重要地區，一切人才集中，然而像一樹繁花，已經開發到爛漫極盛之時，快該凋謝了。我們從歷史教訓上，早宜積極尋找新生命，誘導成新力量，決不當苟安姑息，只顧目前。而且一個國家，也斷不能使其內部顯然有兩種形態之對立。民國二十六年我由洛陽而長安，遊覽西北，一路看到許多農村社會的生活情況，已覺得中國大亂之將至。正如天空的氣候，一邊太熱，一邊太冷，雙方醞釀，一接觸後必然會發生大旋風。中國的內地西北和東南沿海，在同一國家之內，卻存在有兩個絕不同的社會，經濟文化太過懸殊，這眞是一大問題。

近代中國人只知沿著順勢，向東南沿海跑，這因東南沿海有許多引誘我們的東西。可是黃河中上游，大陸西北，荒蕪已久。但那地方人民的血液，還是我們古代漢、唐的遺傳，本質上並不比東南沿海的人差，或許會更好些。若我們能從經濟文化上再加培植，再加開發，一定仍能到處發揚我們北方祖先寬宏的氣魄，雄偉的精神。這是找尋我們歷史文化新生命的主要路向。我們的文化新生，決然當由我們內部自身來，不可能從外國西洋來，這是很顯然的。

當時我第一篇文章，①即主張抗戰勝利後應建都西安。我認為一個國家的立國精神，應該走逆勢，不可走順勢。正如個人般，應努力向上，不該順勢滑下。中央政府在南京，全國知識份子經濟力量都集中向東南，西北本已荒廢，再加東南引誘力一拉，將更沒有辦法。在先是半身不遂，若不根治，到後必然會全體麻木。假使建都西安，由中央政府的領導，知識份子、經濟力量，便可倒拉向那一邊，逐漸移回一部分，好讓兩邊逐漸得平衡。漢、唐立國，便是如此般由東向西倒拖的，此刻則當由南向北地逆轉。我寫此文後不久，美國華萊士來中國，他自新疆入境，他遇見中國歡迎使節，發表談話說：「別人認為我從中國的後門進，實在我是從中國的大門進的呀！我經過了你們河西蘭州一帶，便想像到我們美國當年西部的開發。」不錯，華萊士這番話，我實在非常贊同。

不久有一位朋友提醒我說，你主張建都西安，孫中山先生早曾提過了。在章太炎先生的文集裏，

① 編者按：民國三十一年作者有戰後新首都問題一文，已收入政學私言集中。

有一篇記載着孫先生與章先生的一夕談，文中記明談話的年月日。當時孫先生說：「我們革命的首都應在武漢，此乃內陸中心，一呼百應。建國的首都應在西安，這是中國全國中心。將來要做一個亞洲的中國，則應該建都在伊犁。」孫先生這番話，實在有氣魄，有遠見。從他話裏，可以指導我們有一百年以上的興奮和努力。我們統治著偌大一個中國，總不該專門注意在天津、青島、上海、杭州、福州、廣州那些專供外國人吸血的新都市。應該同樣注意到察哈爾、綏遠、寧夏、新疆、青海、西藏以及滇西一帶廣漠區域。不該對這些大地面視若無覩，認為無足輕重。我因此便寫了第二篇文章，再來強調我移都西北的主張。②

我認為中央政府是一國的頭腦指導中心，頭腦該擺在冷的地方，要曝露在外，要擺在大門口，擺在前面。頭腦所在，全部血液都向那裏輸送，全部神經都向那裏會合。頭腦不能安放在胸腹安逸處。太溫暖是不行的。假使像宋朝般建都開封，開封如人體的腹部，頭腦放在腹裏便昏昏然，血液也停滯了，不流通。這樣便會生機窒塞。北京是契丹、金、元、滿州建都所在，就他們講，也是站在最前線，用來控制整個中國的。明朝建都北京，因為剛打掉蒙古人，也是針對著敵人的最前線。今天中國的敵人已非日本，而是蘇聯。照對外形勢講是如此，就對內實情說，中國所面對的問題，也是西北重於東南，內陸重於沿海。我們該將中國經濟文化來一個大對流，南方人該盡量向北方搬，三五十年

② 編者按：民國三十四年作者有論首都一文，已收入政學私言集中。

後，中國自然有辦法。

現在的中國，是血脈不流通，神經不健全，營養和神智，都堆積在一個角落裏，臃腫了，偏枯了。要使人才移流，中央政府要領頭向前跑，政府更該要接近國內大多數想接近政府而無法接近的民眾，卻不必刻意專接近蘇、浙、閩、粵沿海一帶人。他們自身有能力，自會向政府接近。目前西北是太落後了，政府又遠離他們，他們也沒有力量來接近政府，那終非好現象，終非好辦法。

我們應該知道，北方人還有潛力存在。拳匪之亂發生於山東、河北，今天的共產黨，也是到了延安後，把種子散布到北方農村，才始壯大起來的。今天的東北人，也大都是山東人移去，他們都是強韌能動，有活力。北方人本質上那裏會差過南方人，只是文化經濟環境埋沒了他們，壓抑了他們。

從前唐朝時，江西人開始興起，那時期從北方到廣東，都經由江西贛江流域。廣東為沿海大口岸，江西是一條南北交通要道，行人往返不絕。我們讀王勃滕王閣序，直到韓愈的滕王閣記，便可想見當時之盛。文化隨物質文明而提高，江西文化之提高，也是有它的背景的。但物質文明發展到一相當階段，文化便不再在此地滋長。所以成為政治中心如北平，商業中心如上海，在那裏便不大產生人才，僅只是各地的人才彙向政治商業的中心跑。其地成了中心，便不再出人才。即小可以見大，可見一地區發展到某一階段便易停滯不前。人才也萎靡了，機運也窒塞了。

又如，一個人總不可住在十字街口衝要去處。理想的居住地應在郊區。交通要便利，容易去熱鬧處，而回來又有安靜環境休歇，如此可以刺激見聞，創闢事業。若住得太僻了，和繁盛地區遠隔了，往返不便，即成孤陋寡聞，也不行。唐代的江西，便是退可安、進可動的好環境。黃巢造反，也是走這條大道，直去廣州。直到五代，中國亂，四方人士逃避上廬山的很多，正因其在鬧中取靜，近交通大道而又僻陋可安，一時廬山成為避難的文化中心，影響到北宋。清代去廣東的南北通道，不再經江西，而轉由湖南，於是湘江流域變成交通要道，這樣，在那邊又產生了不少人物。

據此一例，可見地靈則人傑，文化和人物興起是有它的外在條件的。今天的西北大陸，只是地理上的氣運變了，不是在那邊人的本質上有何弱點。地理氣運是人事形成的，不是先天命定的。一個民族，最重要的是求其能「動」又能「安」。今天中國，全為西方商業吸引，大家都跑向海邊。但一到海邊，便沒有地方可走，粵人便向南洋海外跑。這亦是一種開創精神，對國內經濟並有甚大助益。但究竟在外國境，非自己的殖民地，政府不能好好護養培植，如是則不免把民族精力在許多處浪擲了。許多天生的人才也白費了。

實在今天的中國人，應該拉過頭來，向內地跑，跑向內地，一樣有發展，而內地人連帶興起刺激。而且中國人今天向內陸跑是主動的，向海邊跑是被動的。在國家的立場，至少該用些力量，引導文化經濟逆轉的跑回黃河流域，由此繼續向西北前進。在這裏，我們一定可以得到新刺激，一定可以產生新力量，並使國內各方面發展平衡，而得到竟體壯健的現象。

清朝到末年，西洋勢力已侵入沿海一帶，所以在國內平衡上還沒有出大弊病，還是依賴當時的考試制度。例如甘肅省，每年仍有十五至三十個進士定額，配給他們參加政府，這樣還可維繫當時甘肅人在全國的比重。民國肇建，孫中山先生雖亦提倡考試制度，實際此制度已不復存在。於是文化愈落後的地區，愈不出人才；人才愈不出，文化愈落後。而那些地區的經濟也遂更無辦法。人才、經濟均集中東南一角，於是中國的眞病，乃逐漸由遠離東南的西北地區暗滋漸長，由甘肅蔓延向陝西、河南，而逐步侵蝕皖南，到蘇北，像一個箭頭，由西北大陸向東南沿海發射。依此一條線，再向兩旁推廣，愈推愈廣，幾乎佈滿了中國整個的大陸內地。國家從不注意這現象，這趨勢，不想法使西北與東南發生對流，力求平衡。文化、經濟都隨著呆定，無法通流。一個舞臺已崩倒了半個，在那半個舞臺上酣歌醉舞的，卻不知快要整個的垮臺了，那眞是怪事！

近代歐洲人，正為發現了新大陸，不斷向外跑，天天有新刺激，所以天天發生新力量，到今天全地球各地區都給他們跑遍了。歐洲人從發現新大陸以來的這一股力量，現在也慢慢兒要衰頹了。今天中國積衰積弱，不可能向國外跑，中國的將來，決不可能追隨已往的西洋成為一向外侵略的帝國主義。中國的新天地，就在中國之本身內部，回過頭來，向內地跑，不僅如華萊士所說的像美國人開發西部般，我們卻還兼帶了恢復歷史上漢唐精神的一種更要的意義。那是迎接中國文化新生一條唯一可走的路。

長江一帶，尤其是長江下游，氣候暖，地方小，人口多，那是今天我們的十字街頭，一切像在動、在亂、在擁擠、在衝撞，已像無轉身餘地，不容易再產生大氣魄、大力量的人。只是開著窗口，接受一些外面空氣是適合的，卻沒有元氣淋漓。不能希望在此地區來旋乾轉坤，挽回氣運。我們該再來復興北方，重新開闢黃河水利，來解除今日黃河的災害，黃河就可重成為中國之大利。北方人便可再跑上舞臺扮演新腳色。

再舉一例言，黃河在包頭的一段，很早便是中國人的活動區。秦時包頭附近，便闢有四十三個新縣，大量移民，引水灌田。上流的水利用了，下流的災害也自然減少了。以後中國歷史上，很可以看得出，包頭在中國人掌握中，黃河的水害就小；包頭在匈奴乃至蒙古人掌握中，黃河的水害就比較大。這原因不難想像。長江所以沒有大災害，因為四川是一個農業區，四面引水灌田，水在上流即疏散了。逮其過三峽後，又有洞庭、鄱陽等水庫存儲，氾濫自少。此刻試問，目前的包頭，何嘗不可大大振發呢？

再如經徐州到開封，今天是一片荒涼，從前卻很繁盛，這是隋唐運河的經流地帶。這一地帶從古出過許多的奇才異能，大哲學家莊周、老子，大政治家張良、謝安之類，這是無人不知的，其他的例很多。正為古代在這一帶是湖澤水流，交錯歷落的。黃河、淮水，都可藉以蓄洩。現在則乾枯了，再不是文化人才的理想園地了。但試問目前的這一帶，又何嘗不可大大地振興呢？今天的中國，如此般荒蕪的何啻一大半。長江、珠江流域的人，素質上實不及較古的黃河流域，無論體魄毅力均遜。近代的中國，由南方人沿海人領導，至少該使北方人內陸人追隨。到得他們追上了，那就是中國之又一度的文化新生，那即是新中國新生命之再度成長，至少也是為目前中國弭息災亂急需注意的現實問題。

所以今天而後，中國只要上軌道，中國人一定該把力量推向落後的內地去。如孫中山先生的預言：從武漢到西安，再從西安到伊犁，必須解決此北方西北方落後的問題。唐代的敦煌文物，不是我們現在仍在向世界誇耀嗎？魏晉南北朝時西域出了幾許佛學大師名德高僧，可見新疆人也不是沒有出息的。若我們自己在鄙視自己人，中國將永不得安寧。縱使沒有外患，依然仍會有內憂。中國的現實問題，主要的顯然在內地，不在外國。中國的歷史教訓，主要的也同樣在內地不在國外。大家往內地跑，文化可以流動，個人精力也可以發洩。在文化集中地區，每個人重現實，少想像，不大會引生大理想。到一個落後新地區去，纔有想像，纔能創造，纔能發展。今天的中國，實在是祇有沿海一圈，沿江一帶。田園將蕪胡不歸，讓我們自己認識了自己的舞臺，再來扮演自己的腳色吧！

第七講　中國歷史上的道德精神

一

我們可以說，近代的西方有三大精神：

一、個人自由主義精神，淵源於希臘，亦可稱為希臘精神。

二、團體組織精神，或叫做國家精神，淵源於羅馬，亦可稱為羅馬精神。

三、世界精神，或叫做宗教精神，亦可稱為希伯來精神。

此三種精神配合成為今天的西方。英國、美國以宗教精神調和國家組織與個人自由的衝突；蘇維埃只有一種國家精神，抹殺了個人自由，並將國家精神昇化到帶有宗教的色彩。

至於科學則僅是一種方法，一種技能。雖說科學也另有一套尋求眞理的精神，但其運用到實際人生方面來，則仍必依隨於上述三種精神之某一種或某兩種，才能決定其眞實的態度與價值，故不得與上述三大精神有平等齊列之地位。

有人問中國的文化精神是什麼呢？我認為中國文化精神，應稱為「道德的精神」。中國歷史乃由道德精神所形成，中國文化亦然。這一種道德精神乃是中國人所內心追求的一種「做人」的理想標準。乃是中國人所向前積極爭取嚮到達的一種「理想人格」。因此中國歷史上、社會上、多方面各色各類的人物，都由這種道德精神而形成。換言之，中國文化乃以此種道德精神為中心。中國歷史乃依此種道德精神而演進。正因為中國人物都由此種道德精神所陶鑄。即如我們上面所講，無論是政治的、經濟的、軍事的、教育的、各項事變乃及各種制度，以及主持此各項事變與創造此各種制度的各類人物，其所以到達此種境界者，完全必以這種道德精神為其最後的解釋。因此，我稱此種道德精神為「中國的歷史精神」。即是沒有了此種道德精神，也將不會有此種的歷史。

我們所謂的中國道德精神與西方宗教精神不盡同，也與他們的團體精神與個人自由精神不盡合。我們常覺得自己既沒有宗教，而在團體組織與個人自由兩方面，其表現的精神力量也都不如人。實際這種看法，只是忘記了自己所特有的一套，而把別人的尺度來衡量自己，自然要感到自己的一無是處了。中國的歷史、文化、民族，既是以這一種道德精神來奠定了最先的基礎，今天此一種精神墮落，自將顯得一切無辦法，在在都發生了困難。如果我們能再把為自己歷史、文化、民族作基礎的這一種道德精神「從新喚醒」，我想當前的很多問題，也都可以迎刃而解的。

我所講的道德精神，究竟指的是什麼樣的內容呢？我此刻暫不為此「道德」二字下定義，也暫不為此道德二字定內容，我姑先舉出兩項重要的道德觀念或道德理論來作具體的例子。第一個理論在孔子前，第二個理論在孔子後：

春秋時，魯國上卿叔孫豹出使晉國，會見晉國上卿范宣子，在正式的使命任務外，談到了一個哲學上的問題。范宣子問叔孫穆子說：「如何可以做到人生不朽？」叔孫暫不直答，卻反問說：「你如何看法呢？」范答：「我們范家，自堯、舜以來，經夏、商、周三代，直迄現在，相傳兩千餘年，如此的家世，亦可算不朽了吧？」我們只看范宣子這一說法，便可推想，中國人在那時，已不信人死後有靈魂之說，而完全是一種站在現世間的看法。叔孫卻告訴他說：「照我看，那只是世祿，不能謂之不朽。人生不朽有三：立德、立功、立言。」這句話，二千多年來，深印在中國人心裏，成為一個最高的道德理論和人生信條。信耶穌的人說：「我們是活在上帝的心裏」。叔孫穆子的話，我們也可替他透進一層說：「人要活在別人的心裏」。如果別人心裏常有你，便是你的人生不朽。如果別人心裏沒有你，你也就等於沒有活。正如兒子心裏沒有父親，那末這個父親等於沒有做父親。

孔子之後，孟子發明了「人性善」的理論。他說，每個人的天性都是向善的，「善」便是道德精神。我想我們可以用孟子的理論，來解釋叔孫穆子的「三不朽」說。一個人活在世上，為何要為別人立德、立功、立言呢？這已顯然不是一種個人主義了。但縱使別人心裏常有了你的德、功、言，這於你究有何關係呢？我們若用孟子的話來回答此問題，正為人的天性是向善的，他情願如此做，只有如此做了，他自己才感到快樂與滿足。而且向善既是人類的天性，你的善，便一定可以得到別人心裏的共鳴。你為人立德、立功、立言，別人必然會接受你、瞭解你，而且追隨你、模倣你。我們試問：除卻我們的行為，還在那裏去找我們的生命呢？行為存在，便是生命的存在；行為消失了，便是生命沒有了。我們只有「向善」的行為，才能把握到人類「天性」之共同趨向，而可以長久地存在。我們也只有這一種生命，決不會白浪費、白犧牲，將會在別人的生命裏永遠共鳴、永遠復活。身體不是我們的生命，身體只是拿來表現我們生命的一項工具。「身體」僅是一件東西，「生命」則是一些行為，行為一定要有目的，有對象。我們憑藉了身體這項工具，來表現行為，完成我們的生命。

譬如我現在在此講演，這是我的行為，也即是我的生命。行為必然由此向彼，有一到達點。此到達點，即是所謂「目的」與「對象」。若果講演沒有人聽，便等於沒有講，等於沒有這行為，亦即等於沒有了這一段的生命。所以我們的生命，一定要超出此生命所憑藉之工具身體，而到達另一心靈的世界。如講話則必求達到聽的人心裏。身體則只是一工具，只限制在物的世界裏。衣與食則僅是維持工具的一種手段，只是一種生活手段，卻不能說衣食即是生命。衣與食的對象，限制在自己的身體上。身體壞了，一百年八十年的謀求衣食，吃辛吃苦，全浪費，全犧牲了。所以為自己身體謀求衣食，這決無所謂道德精神。除非是以衣食為手段，而別有生命的期圖，這才說得上有道德的意味。

但如孟子說，人性既是共同向善的，社會上為什麼還有很多罪惡呢？據孟子意見，罪惡的來源，不外兩種原因：一是環境不好，一是教育不良。由這兩條路，陷人於罪惡。這只是外面的事勢逼迫人、引誘人，不是人天性愛好如此做。孟子之後有荀子，主張「人性惡」的理論，他說人的天性生來都是傾向於惡的，人類之所以能有善，由於師法教導和法制刑律的管束。倘使今天沒有學校和教育，沒有政府和法律，試問社會將變成什麼樣子？

我們可以代表孟子來回答荀子這一個質問。人類在最先，本無學校和教育的，怎樣會產生學校和教育的呢？人類最先，也本無政府和法律的，又怎樣能產生有政府和法律的呢？人類從「無」教育變成「有」教育，從「無」政府「無」法律產生「有」政府、「有」法律。這即證明人性之「向善」。荀子說：教育和法律，都由聖人而產生的。但聖人也是人，人類中有聖人出現，便可證人性之向善。

根據上述，我將再一提掇，中國人傳統的兩個很重要的道德觀念和道德理論：

一、人無論對自己，對別人，都該信仰人的天性總是向善的。

二、人生不朽，只有在現實世界裏不朽，沒有超越了人世間的另一種不朽。換言之，人類只有憑藉此肉體所表現的生命，而沒有在肉體生命之外的另一種的靈魂生命。人類只有在此現實世界裏的一切行為和道德精神，才是他眞實的生命。

西方人認為肉體和靈魂是兩種不同的生命，存在於兩個世界裏；而且又認為人類的天性，根本是罪惡。這兩點，恰和中國人觀念正相反。

我此下再將根據上述兩點，來解釋中國的道德精神。

二

今天共產主義最重要理論之一，便是要推翻「唯心論」，來建立他們的「唯物論」。「唯心論」是西方哲學思想中一派別，它的產生，在求彌補宗教上信仰之搖動與缺陷。自從哥伯尼的天文學，達爾文的生物學，連接著近代種種新科學的發現，把宗教傳說裏上帝創世的舊信心動搖了。但在西方世界裏沒有了上帝，全部人生將沒有一歸宿，於是乃有近代「唯心」哲學之產生。他們大多認為世間一切現象之形成與主宰者是人的「心」。進一步，則認為此宇宙之最先創始，亦是先有了心，然後再有物。馬克思則不認此說，以為這只是一種形而上學的玄想。換言之，則是一種不合科學的空論。世界最先只是物質的，並無一個先於物而存在的心，所以說「存在先於意識」。馬克思實是站在一種唯物哲學的立場而來提出他的「唯物史觀」和「階級鬬爭」的理論的。馬克思不信有上帝創世，也不說有另一種先於物或外於物的心或精神之存在。所以他自己說，他的歷史觀，是一種「科學的歷史觀」。

至於十九世紀西方其他的科學家，亦大都抱有唯物的觀念，他們大體也都抱一種反宗教的無神的主張。直到近三十年來，西方物理學家又發現了新的希望。他們研究物質，分析物質，到最後發現了原子能，他們對物質經過了長時期的嚴密考查之後，終於感到是沒有物質那樣東西之存在。於是又回頭來想重新創造一種新神學，認為這個世界在其最後的本質上，或是最先創始的過程上，還是有一個非物質的神之存在。最近西方有很多物理學家、天文學家，依然不斷努力在研究此一問題之可能的進展。所以在他們的思想界，舊的唯心論，所謂上帝創造人類之舊迷信，已為科學所動搖。而新的唯心論，今天的科學界，還正在想創造。這是西方思想上一個大問題。

可是我們站在中國立場來講，則問題並不在此。縱使新的宇宙原始的心發現了，這還是宇宙之心，並非我們所要講的「人之心」，二者之間還是相去十萬八千里。我所指出的中國歷史上的所謂道德精神，則並不要討論世界究從何處來？世界一切物質的最後本質是什麼？這些全屬宇宙問題，而非人生問題。道德精神則在人生問題中出現。它單要研究如何拿我們人類自己的心，來拯救我們的世界和人類的一切災難，而努力領導此整個人世界得以不斷的上進。

因此中國的「人性論」，根本和西方哲學上的「唯心」「唯物」之爭辯無關。中國人只信仰或主張，人之生性都可以向善的路上跑。證據何在呢？能近取譬，只在人之心。人心最大要求是「愛」和「敬」，實際上二即是一，愛的中間包有敬，敬的中間包有愛。人生的最高滿足，並不是錦衣玉食底一切物質享受，而在享受到人心之愛與敬。此又包括着兩面，一是人愛我，人敬我。又一是我愛人，我敬人。應知此二者是同樣能使我們感到最高快樂和滿足的。這不是科學問題，也不是哲學問題，僅是人的生活上一種實際經驗，人人皆知，毫不用得辯論。

任何一人從小到老，只有這「愛」與「敬」的心地，無論是你對人，或是人對你，只此最易使你感到滿足。為何呢？正為愛與敬是一種人心的表現，這一種表現，不論是人對己或己對人，境界總是一樣，總是使你親自跑進這愛與敬的圈子，而感到一種「實獲吾心」的無上快樂與滿足。但我們要獲得人家對我之愛敬，這好像不容易。若我們自己肯發心去愛人敬人，則其權操在我，並不困難。人愛我，固使我進入愛的境界，感到愛的享受。其實我愛人，何嘗不是使我進入了愛的境界，感到了愛的享受呢？所得到的都是在同一境界中，都是人生最高的愉快，無上的滿足。

我們此刻可不必接受耶穌教上帝創世的理論，但同樣可以來體認耶穌釘死在十字架時的內心境界，確為耶穌生命上一種至高無上的滿足。因為在那時，他的心已深入了「愛」的境界，獲得了最高的享受。無論如何，他是在博愛人類而犧牲了自己。耶穌這一段生命，這一刹那時的生命，便可以「永世不朽」。所以耶教傳說認為耶穌釘死在十字架之後，忽然又復活了。這一復活，照中國觀點看，是耶穌精神永遠存留在世界上，復活在別人的心裏。耶穌精神就是上述的那種愛的精神，也就是中國人觀念中的「道德」精神。耶穌的信仰，人生根本是罪惡，人類的祖先犯了罪，才始墮落到人間，耶穌代表着上帝意旨降生到世間來傳道，他對人類一切的愛，莫非是上帝的意志。這些意見，在不信耶穌的人，可以不接受。但耶穌那一段眞實人生，尤其是他最後十字架上的一段生命，卻十足象徵了中國觀念中所謂道德精神之表現。所以在道德精神裏，可以欣賞到宗教精神，也可以包容有宗教精神。

人生問題裏，人人都感到急要解決的，卻是一個「人死」問題。因為死了，一切人生都完了。宗教裏的上帝和天堂既不可恃，只有中國觀念，認為人生仍可以「不朽」，可以永活在別人的心裏。這不需宗教信仰來支撐，而近代科學的新發現，也並不能把這一觀念推翻了。這是中國道德精神價值的高卓精深處。

三

以上述說了兩個論點，「不朽論」和「性善論」，此兩論題互相配合，才能發揮出中國道德精神之最高的涵義，這實在是中國思想對整個人類社會的最大貢獻。我們必從此兩理論出發，乃能把握到中國道德精神最深沉的淵泉。道德並非由外面給我們束縛，而是人類自己的內心要求。我們的天性，自要向那裏發展，這是人類的最高自由。

孔子、孟子均教人孝，這不是孔孟存心要把「孝」的道德來束縛人，孝亦只是人心一種自然的要求。父母感受到兒子的孝，固是一種快樂；兒子發心孝父母，在兒子本身，同樣是一種快樂。惟其如此，所以欲罷不能。父母生前要孝他，死後依然要孝他。葬祭之禮，並不站在人死有鬼的信仰上，亦非由風俗強制人，這還是人類「孝心」一種自然的要求，自然的趨向。古代人死了，並不懂得有葬禮，只把死屍扔棄野外即完了。有一天，偶有一人跑到郊外，忽然看見野狗在咬死屍的骨骼，蠅蚋在咕吸死屍的血，仔細一看，這屍卻正是他的父母，這人不禁額上泚出了幾滴汗。這幾滴汗，並不是怕人家罵他不孝或是不道德，那時根本也還不懂有孝和道德呀！這幾滴汗，正是證實了人類內心有此「向善」之天性。整個人類文化，便從這幾滴汗中產生。他才立刻回家，取了一把鋤頭，再來死屍處，挖開土，把屍埋了，這即是古代葬禮的開始。決不是憑空來一個聖人，無端定下葬禮，來對他說服。也不是忽地來一個專制皇帝，定下一條法律，來加以限制。

即此一例，可證若非人類「天性」，決不會結出種種文化的美果。只要看人類社會上有善，便知是人類天性中有善；只要見人類文化中有愛，便知是人類天性中有愛。我們既喜歡此「善」與「愛」，便該把此善與愛盡量發展。這在西方是宗教。他們說：「上帝要我們善與愛，我們故該善與愛。」中國人卻說：「你不是喜歡善與愛嗎？我盡量教你善與愛。而且我自己也喜歡善與愛，我情願對你善與愛，我不在求得你任何報酬，縱使對我有絕大犧牲也情願。」這不就是一種宗教精神嗎？故我說：中國文化中雖不創生宗教，卻有一種最高的宗教精神。我無以名之，姑名之曰「人文教」，這是人類信仰人類自己天性的宗教。

人類的自然生命，只有幾十年，最多百年上下，死了便完了。在這種人文宗教的精神之下，人類可從幾十年的「自然生命」，轉進為緜歷千萬年的「歷史生命」，和「文化生命」。這幾十年的自然生命，僅如一隻船，或是一座橋，用來渡過這條洶湧河流而進入不朽的生命。所以我們在此短短幾十年的自然生命中，應該好好利用，使它達到這「渡」的功能。不朽的生命，不單是大聖大賢可以獲得，人人都可得。孟子所謂：「人皆可以為堯舜。」最高的人生，誰都可得。人性最高的表現，無非在

「愛」和「敬」。人心最高的要求，也無非是愛和敬。愛和敬是人人心中所有，也是人人心中所能。我們要達到這人生的最高理想和最高境界，只須從自己心上表現。

人類社會，常有兩種行為相對立：一為自動性的「感」，一為被動性的「應」，人生要常能自動地感，不要盡是被動的應。小孩子打架，說他先罵了我，我才罵他；他先打我，我再打他，好像這是理該的。如此引伸，他今天偷了你東西，難道你也該偷他東西嗎？如此做人，一切權都操在別人手裏。要你罵人，要你做賊，都可以。可見人生眞理，不能說人家怎樣做，我便怎樣「應」，必須自己開始發心去「感」。譬如你發心孝父母，父母卻對你冷淡，你就覺得我已盡心盡力去孝，父母對我不歡，以後也莫怪我，我也只得不孝了。可見你的孝與不孝，你的人格，其權不在你，而操在你的父母。你做了不孝之子，你再想諉過於父母，其實是你丟棄了自己的人格。父母是父母的事，你是你的事。這正如射箭，一箭射去不中，是你射的技術差了呢？還是箭垛安放得不合你所射的去處呢？很多人都怪對面不好，卻不自己反省，這是我做得不够，不到家。這決不是道德精神。

我們該有勇氣做一個主動的「感」的人。君子以自強不息，國家亂，我們還得忠，要使它不亂。不能說我已經努力了，可是國家仍亂，那只有待換一個國家再忠吧！道德在我身上，在我心裏，不能說道德在環境中。我們需憑道德精神來創造環境，不該由環境來排佈生命，決定人格。道德就是我們的生命，就是我們的人格。這是人生眞性情的流露，它有一個最高意志的要求，再加上方法技巧，便可以完成最高的理想。

再進一步言，完成不完成是另外一件事，只你在這樣做，這便是你的生命你的人格了。我愛你，我敬你，你如何反應，這是另外一件事。耶穌縱上了十字架，耶穌還是敬天愛人。人生必該有一要求，沒了要求，就沒了人生。要求即是我們的生命，人類的最高要求在愛和敬。你說你要滿屋的黃金，其實你還是在要求愛與敬。你只誤會了黃金便可以獲得愛與敬。你自不知道，愛與敬才是你的眞要求，才是你的眞生命。但這並非甚深妙理，大家可以自己瞭解，不煩詳細講。

今天我們似乎太重視了物質方面的一切，認為知識即係權力，認為知識與權力勝過了一切，其實知識只是生命使用的工具，權力也是生命使用的工具。為了要求生命滿足，才使用知識和權力。生命所使用的，都只是外物，不是生命之本身。生命不能拿知識權力來衡量，只有人的行為和品格，道德精神，才是眞生命。好在是人同此心，心同此理；人即是我，我即是人。就生命言，實是融成一片的。所以有人誤會了，還是有人不誤會。有人放棄了，還是有人不放棄。這一種道德精神，永遠會在人生界發揚光采。而中國人則明白提倡此一道德精神而確然成為中國的歷史精神了，這是中國歷史精神之最可寶貴處。

四

我今天想特舉兩個中國近代的聖人來證實我上文之所講。

一是一百年前山東的武訓，武訓只是一乞丐，自己感到沒受過教育，總希望別人家小孩子們都能受教育，不惜把行乞所得，節約復節約，積累復積累，傾其畢生行乞所得來捐辦學校，並跪請當地有名的先生來為他學校教書。這種行為，便是一種道德精神的表現，便是中國的歷史精神在武訓身上之表現。

我這次到臺灣，又新知道了中國近代第二位聖人，兩百年前的吳鳳。吳鳳是臺灣嘉義人，他原籍福建，跟隨父親來臺，在阿里山高山族裏做買賣，貿易度生。當吳鳳二十餘歲時，便做了高山族的通事，代表政府管理高山族。高山族人受他人格感染，都很敬愛他。高山族向例每年要殺一個人，環繞著人頭來跳舞祭神。吳鳳勸他們不要再殺人，高山族人說：「你吳鳳是好人，你的話我們都肯聽，但這件事卻不能聽。此乃我們祖先所遺，每年必須殺一個人，環繞著這人頭跳舞祭神，否則一族都會要遭殃。」吳鳳說：「你們去年與人家大械鬪，殺了幾十人，你們儘可拿那些被殺的頭顱保留，逐年用一個上祭，不好嗎？」高山族人聽了他的話，大概過了三四十年，保存的死人頭都用完了，又向吳鳳說：「我們今年只得開始殺人了。」吳鳳那時也已七十上下的年紀了，他說：「你們停了幾十年不殺人，不是很好嗎？我盼你們永遠停止殺人祭神吧。」勸講再三，終於無效。吳鳳說：「你們定要殺人，我沒法勸阻，但也不可亂殺，讓我今年送一個人給你們，你們在某一天去某地看見有人頭上披紅巾的，你們殺他吧！」高山族答應了。吳鳳回家安排後事，並囑咐家人對高山族必須循循善誘，不該憑勢欺負他們，也萬不可報仇尋寃。那天到了，吳鳳自己頭上披了紅巾，走到他所指定的那條路上去，高山族就用箭把來人射死，前往戮首，一看卻是幾十年來崇敬愛護的吳鳳。於是才明白他因一再勸說無效，不得已親以身殉。從此高山族人為所感動，也永不殺人了。自此以後，高山族與平地人相處融洽，雙方皆崇奉吳鳳為當地神聖，立廟敬事。即在日治時代，日本人也屢次為他建新廟宇，重立碑文，對吳鳳道德人格一樣推崇備至。

吳鳳僅是一小小通譯。殺人是高山族自古相傳的風俗，吳鳳既已再三勸說無效，已屬盡心盡力，儻不身殉，亦並非吳鳳之不道德，並無損於吳鳳平日之人格，而吳鳳卻這樣做，這全是吳鳳的道德精神發自內心，並不在顧忌社會旁人批評，也並不想死後有何報酬。吳鳳的內心希望，只盼感化到高山族從此不殺人，吳鳳內心也享受到他一種高度的滿足了。這不正像耶穌的十字架精神嗎？耶穌復活了，吳鳳一樣復活了。耶穌永生了，吳鳳也一樣永生了。只要此地仍有人類，有文化，吳鳳的生命，是始終活著不朽的。何以故？以人類同有像吳鳳般的善心故。

上述的武訓與吳鳳，都不是受過高深教育的人，何以有如此偉大的道德精神之表現？這不十足證明我上述中國觀念人性善的理論嗎？武訓終身是一乞丐，吳鳳終身是一高山族的通事，並沒有其他了不得，何以今天講到此兩人，大家依然會肅然起敬，油然生愛，好像武訓、吳鳳立在我們面前，鑽入我們心裏的呢？這不十足證明我上述中國觀念不朽的理論嗎？中國這兩百年來，是天地閉賢人隱的衰亂之世，何以在窮鄉僻壤，忽然降生此兩大聖人，這不十足證明我上述中國歷史是一部道德精神的歷史的理論嗎？

今天我們因為環境關係，教育關係，以及其他種種的關係，大家感到生活不舒適，不痛快。但我想，我們終有一天可以過得極舒服極痛快，那就是發揚我們歷史相傳道德精神的時候。諸位試想！吳鳳那天，披了紅巾，走去他指定的路上，那時吳鳳心裏，我想是他一生生命中最痛快最高潮的時候吧！一個人在其遭遇生命之最痛苦最沒有辦法的時候，往往自殺了之，這也是他認為最痛快的。由其智識不够，遂出此下策。他不懂得只要我們一旦道德精神發揚，什麼問題都可以解決，什麼困難艱險都可以感到舒適與痛快。

我常聽中國人在說甘地是近代東方的聖人，這不錯。其實武訓、吳鳳，何嘗不是近代東方聖人呢？或謂武訓、吳鳳所幹事業，遠不如甘地，不能相提並論。這又錯了，聖人不從事業論。事業要看機會，那能每個人都有機會成大事業的呢？那能每個人都著書立說成大學者的呢？所以中國觀念中之立德、立功、立言，「德」為首，「功」「言」次之。陸象山先生曾說：「我雖不識一個字，也要堂堂地做一個人。」怎樣才是堂堂地一個人呢？吳鳳、武訓才算是堂堂地一個人，但他們識字多少呢？我今天說他們是聖人，他們實在當之無媿的。將來的歷史上一定要把武訓、吳鳳大書而特書的。

現在我們再講一個歷史人物，而為今天的中國人所大家知道，而且也奉之為神聖的。不僅中國大陸如此，我最近來臺灣，也是如此。我從前去安南，也是如此。這是什麼人呢？我所要講的，是三國時代的關羽。關羽為什麼遭受中國人如此般地崇拜呢？正因為關羽有他的道德精神。關羽跟從劉備，當時劉備不過是一個光棍軍人，無地盤，無軍隊。同時的曹操則聲勢浩大，卻又愛才如命。關羽是當時能文能武了不起的人物，曹操得到關羽，愛之殊深，錫以高爵，優禮備至。但關羽仍舊不忘情於劉備。曹操知道了，派關羽好友張遼去看他，探其意向。關羽說：「曹公待我厚，我豈不知？但劉備是我患難弟兄，我何能棄之。」遼又問他什麼時候才走呢？他說：「我必有以報曹公，等我有機會報答了他就走。」張遼據實轉告曹操，操歎曰：「是義士也，人各為其主，我不能強。」其後關羽殺了袁紹大將顏良，曹操憶及張遼之言，心知關羽要走，更加厚賜，但關羽卒封金掛印而去。曹操手下人說關羽無理，請派兵追拿，曹操卒止之不聽。關羽後來為東吳呂蒙所殺，事業未成，而且失敗了，但無損其道德精神之長存千古。中國一般老百姓，崇拜關公，直到今天。其實在中國歷史上，如我所稱，合於道德精神的人物，合於道德精神的故事，舉不勝舉，講不勝講。所以我說，中國的歷史文化精神，是一種道德的精神。

五

人總有一死，在此短短數十年間，總盼有能感到痛快舒服的一段。這決不是知識，也不是權力，又不是經濟，又不是環境，而是將我內心中所蘊蓄的最高要求，能發揮出來，而成為道德精神的，這決然是人生中最舒服最痛快的一段。道德精神是無條件的，在任何環境下，都可以發揮。因為，我們只有講道德，才能使每個人發揮其最大的力量，盡其最大的責任，而享受到生命之最高快樂與滿足。

救世界、救國家，不是幾個人幹的事，要大家幹。如何能使大家來幹呢？就要發揚道德精神。因為只有道德精神，是人人所具有，而又是人人所喜歡的。只要能道德精神發揮，一方面便完成了大家最大的責任，同時也滿足了大家最高的要求。

中國民族經過千辛萬苦，緜歷四五千年的歷史生命，直到現在，始終存在着，就是依靠這一種道德精神。世界上任何一民族，沒有能像中國這樣大，這樣久，這因中國往往在最艱苦的時候，能發揮出它的道德精神來，挽救危機，這應即是我們的宗教。中國以往文化精神正在此，以後的光明前途也在此。

完了，謝謝諸位，風雨無阻，不厭不倦地，在公務百忙中，抽出這夜間唯一可供休息的寶貴光陰，來繼續不斷地聽完我這七次的演講。

附錄

一　中國文化與中國人

一

今天我的講題定為「中國文化與中國人」。我只能從某一方面對此題講些話。

本來是由中國人創造了中國文化，但也可說中國文化又創造了中國人。總之，中國文化就在中國人身上。因此我們要研究中國文化，應該從中國歷史上來看中國的人。亦就是說：看中國歷史上中國人的人生，他們怎樣地生活？怎樣地做人？

人生應可分兩方面看：

一外在的，即人生之表現在「外」者。

一內在的，即人生之蘊藏在「內」者。

表現在外的人生又可分兩大項目：

一是所創造的「物」。

一是所經營的「事」。

易經上謂之「開物成務」。無此物，創此物，是為「開物」。幹此事，成此事，是為「成務」。易經把「開物」「成務」兩項都歸屬於聖人之功績，可見中國古人對此兩項之看重。但此兩項則都是人生之表現在外的。

現在人講文化，主要都從這兩方面講。如舊石器時代、新石器時代、銅器時代、鐵器時代等分法，是從「開物」觀念上來講的；又如漁獵社會、畜牧社會、耕稼社會、工商社會等分法，是從「成務」觀念上來講的。但這些多是人類怎樣生存在社會乃至在天地間的一些手段，實不能認為即是人生之理想與目的。

人生該有理想，有目的。既已生存在此天地，究應怎樣生，怎樣做一人？這始屬於理想目的方面，此之謂「文化人生」。自然人生只求生存，文化人生則在生存之上有嚮往，有標準，這就講到了人生的「內」在面。這一面，中國人向稱之為「道」。中國人用這「道」字，就如現在人講「文化」。

不過現在人講文化，多從外面「開物成務」方面講，而中國人的傳統觀念，則定要在文化本身內部討論其意義與價值，亦可謂文化中之有意義價值者始稱「道」，而此項意義與價值，則往往不僅表現在外面，而更要是蘊藏在人生之內部。

如我們講古代文化，定會提到埃及金字塔。埃及人創造金字塔，亦可謂是「開物」。金字塔之偉大，誠然無可否認。由於此項建築，我們可以連想到古代埃及人的智慧聰明和當時物質運用的能力。若非這些都有一甚高水準，試問怎會創出那些金字塔？但我們也該進一步問，那些金字塔對於埃及的社會人生究竟價值何在？意義又何在？

古的不提，且論現代。如我們提及太空人，提及把人類送上月球，不是當前一項驚天動地的壯舉嗎？這也十足可以說明近代人之智慧聰明及其運用物質的能力，到達了那樣高的水準。但我們不免又要問，這樣一項偉大工作，究竟對於現世界，現人生，實際貢獻在那裏？其價值何在？意義又何在？

像古代埃及的金字塔，乃及近代西方的太空人，都屬於開物成務方面，都只表現在人生的外部。中國古人講「正德、利用、厚生」，開物成務是有關利用、厚生的。但在此兩項之上，還有「正德」一目標，而且「利用」、「厚生」也不是為著爭奇鬪勝。不論你我在太空軌跡中能繞多少圈，誰能先送一人上月球，但人生理想，究不為要送人上月球。送人上了月球，依然解決不了當前世界有關人生的種種問題。換言之，此仍非人生理想以及人生的意義價值所在。照中國人講法，智力財力的表現並不即是「道」。中國人講的「道」，重在修身、齊家、治國、平天下。修、齊、治、平始是人生理想，人生大道；決不在乎送人上月球，當然也更不是要造幾座更大的金字塔。從這一層，可以來闡說中國的傳統文化觀。

二

我此刻，暫把人類文化分作兩類型來講：

一是向外的，我稱之為「外傾性」的文化。

一是向內的，我稱之為「內傾性」的文化。

中國文化較之西方似是偏重在內傾方面。如講文學，西方人常說，在某一文學作品中創造了某一個性，或說創造了某一人物。但此等人物與個性，只存在於他的小說或戲劇中，並不是在此世界眞有這一人與此一個性之存在，而且也並不是作者之自己。如莎士比亞劇本裏創造了多少特殊個性，乃及特殊人物，然而此等皆屬子虛烏有。至於莎士比亞自身，究是那樣一個人，到現在仍不為人所知。我們可以說，只因有了莎士比亞的戲劇，他才成為一莎士比亞。也是說，他乃以他的文學作品而完成為一文學家。因此說，莎士比亞文學作品之意義價值都即表現在其文學裏，亦可說即是表現在外。這猶如有了金字塔，才表現出埃及的古文化來。也猶如有了太空人，才表現出近代人的新文化來。

但我們中國則不然。中國文學裏，有如水滸中宋江、武松、李逵等人物，紅樓夢中林黛玉、賈寶玉、王鳳姐等人物，這些人物全都由作家創造出來，並非世間眞有此人。但這些作品實不為中國人所重視，至少不認為是文學中最上乘的作品。在中國所謂文學最上乘作品，不在作品中創造了人物和個性，乃是由作者本人的人物和個性而創造出他的文學作品來。如離騷，由屈原所創造。表現在離騷中的人物和個性，便是屈原他自己。陶淵明創造了陶詩，陶詩中所表現的，也是陶淵明自己。杜工部創造了杜詩，杜詩中所表現的，也是杜甫他自己。由此說來，並不是因屈原創造了一部文學，遂成其為屈原。正為他是屈原，所以才創造出他一部文學來。陶淵明、杜甫也如此。在中國是先有了此作者，而後有此作品的。作品的價值即緊繫在作者之本人。中國詩人很多，而屈原，陶淵明，杜甫，最受後人崇拜。這不僅是崇拜其作品，尤所崇拜的則在作家自身的人格和個性。若如莎士比亞生在中國，則猶如施耐菴、曹雪芹，除其文學所表現在外的以外，作者自身更無成就，應亦不為中國人重視，不能和屈原、陶淵明、杜甫相比。這正因中國文學精神是「內傾」的。要成一文學家，其精神先向內，不向外。中國人常說「文以載道」，這句話的意義，也應從此去闡發。中國文學之最高理想，須此作者本身就是一個「道」。文以載道，即是「文以傳人」，即是作品與作者之「合一」，這始是中國第一等理想的文學與文學家。

再講到藝術，中國藝術也同樣富於內傾性。如繪畫，西方人主要在求這幅畫能和他所欲畫的對象近似而逼眞，其精神仍是向外，外傾的。中國人繪畫則不然。畫山不一定要像這座山，畫樹不一定要像這棵樹。乃是要在他畫中這座山，這棵樹，能像他畫家自己的意境和胸襟。或者作畫送人，卻要這幅畫能像他所欲送的人之意境和胸襟。所以在作畫之前，儘管對一山今天這樣看，明天那樣看，但總感這山不能完全像我自己的意境。待慢慢看熟了，把我自己對此山所發生的各種意象拼合起來，才是我心裏所希望所欲畫出的這座山。在山裏又添上一棵樹，這樹也並不是在山中眞由寫生得來，仍是他意境中一棵樹，而把來加在這山中，使此畫更近我意境。所以中國畫所要求的，重在近似於畫家之本人，更甚於其近似於所畫的對象。學西洋畫，精神必然一路向外；但要做一中國畫家，卻要把精神先向內。

把文學與藝術結合，就是中國的戲劇。西方人演劇，必有「時間」「空間」的特殊規定，因而有一番特殊的佈景，劇中人亦必有他一套特殊的個性。總言之，表現在這一幕劇中的，則只有在這一時間、這一空間、這一種特殊的條件下，又因有這樣一個或幾個特殊的人，而始有這樣一件特殊的事。此事在此世，則可一而不可二。只碰到這一次，不能碰到第二次。他們編劇人的意象結構慘澹經營的都着重在外面。中國戲劇裏，沒有時間、空間限制，也沒有特殊佈景。所要表現的，不是在外面某些特殊條件下之某一人或某幾人的特性上。中國戲劇所要表現的，毋寧可說是重在人的「共性」方面，這又即是中國人之所謂「道」。單獨一人之特殊性格行徑，可一而不可二者，不就成為道。人有共性，大家能如此，所謂「易地則皆然」者始是「道」。道是超時空而自由獨立的。如演蘇三起解，近人把來放進電影裏演，裝上佈景，劇中意味就變了。中國戲臺是空蕩蕩的，臺下觀眾所集中注意的只是臺上蘇三那一個人。若配上佈景，則情味全別。如見蘇三一人在路上跑，愈逼眞，便愈走失了中國戲劇所涵有的眞情味。試問一人眞在路上跑，那有中國舞臺上那種亦歌亦舞的情景？當知中國戲劇用意只要描寫出蘇三這個人，而蘇三也可不必有她特殊的個性，只要表演出一項共同個性為每一觀眾所欣賞者即得。

深一層言之，中國戲劇也不重在描寫人，而只重在描寫其人內在之一番心情，這番心情表現在戲劇裏的，也可說其即是道。因此中國戲劇裏所表現的，多是些忠、孝、節、義可歌可泣的情節。這些人物，雖說是小說人物，或戲劇人物，實際上則全是「教育人物」，都從人類心情之共同要求與人生理想之共同標準裏表現出來。這正如中國的詩和散文，也都同樣注重在人生要求之「共同點」。中國人畫一座山，只是畫家心裏藏的山。戲劇裏演出一人，也只是作劇家理想中的人。西方的文學藝術，注重向外，都要逼眞，好叫你看了像在什麼地方眞有這麼一個人、一座山。而中國文學藝術中那個人那座山，則由我們的理想要求而有。這其間，一向外、一向內，雙方不同之處顯然可見。所以說中國文化是內傾的，西方文化是外傾的。

外傾文化，只是中國易經上所謂「開物成務」的文化。在我們東方人看來，這種文化，偏重在物質功利，不脫自然性。中國文化之內傾，主要在從理想上創造人、完成人，要使人生符於理想，有意義、有價值、有道。這樣的人則必然要具有一「人格」。中國人謂之「德性」。中國傳統文化最著重這些有理想與德性的人。

三

從字面講，「文化」兩字曾見在中國易經裏，有曰「人文化成」。現在我們以「人文」與「自然」對稱，今且問「人文」二字怎講？從中國文字之原義說之，「文」是一些花樣，像紅的綠的拼起來就成了花樣，這叫「文」。又如男的女的結為夫婦，這也是一番花樣，就叫做「人文」。又如老人、小孩，前代、後代，結合在一起，成為父母子女，這也叫做「人文」。在這些人文裏面，就會「化」出許多其他花樣來，像化學上兩元素溶合便化出另外一些東西般。在中國人則認為從人文裏面化出來的應是「道」。故有夫婦之道，父子之道，修身、齊家、治國、平天下之道。道都由「人文化成」，此即中國人傳統觀念中所看重的文化。

中國小戴禮中又見有「文明」二字，說「情深文明」。上面說過，文只是一些色彩或一些花樣。

花樣色彩配合得鮮明，使人看著易生刺激，這就是其「文明」。如夫婦情深，在他們生活中所配合出的花樣叫別人看了覺得很鮮明。父子情深，在他們生活中所配合出的花樣也叫人看了覺得很鮮明。若使父子、夫婦相互間無眞摯情感，無深切關係，那就花樣模糊，色彩黯澹，情不深就文不明。

這是中國古書裏講到的「文化」、「文明」這兩項字眼的原義。此刻用來翻譯近代西方人所講的「文化」、「文明」，也一樣可以看出中國人所講偏重其內在，而西方人則偏重於外在，雙方顯然有不同。

人與人間的花樣，本極複雜，有種種不同。如大舜，他父母都這樣地壞，他一弟又是這樣壞，可說是一個最不理想的家庭。然在這最不理想的環境與條件之下，卻化出舜的一番大孝之道來。夫婦也一樣，中國古詩有「上山採蘼蕪，下山逢故夫」一首，那故夫自是不够理想，但那位上山採蘼蕪的女子，卻化成為永遠值得人同情欣賞與懷念的人。可見社會儘複雜，人與人配合的花樣儘多，儘無準，但由此化合而成的「人文」，在理想中，卻可永遠有一「道」。因此中國傳統文化理想，必以每一個人之內心「情感」作核心。有此核心，始有「人文化成」與「情深文明」之可能。然而這亦並非如西方人所謂的個人主義。在個人與個人間相平等，各有各的自由與權利，此乃西方人想法。中國社會裏的個人，乃與其家庭、社會、國家、天下重重結合相配而始成為此一人。人必在羣中始有「道」，必與人相配成倫始見「理」。離開對方與大羣，亦就不見有此人。因此「個人」必配合進「對方」與「大羣」，而一切道與理，則表顯在個人各自的身分上。因此中國傳統文化理想中之每一人，可不問其外在環境，與其一切所遭遇之社會條件，而可以無往而不自得。換言之，只要他跑進人羣，則必有一個道，而這道則就在他自身。己立而後立人，已達而後達人，盡己之性而後可以盡人之性，盡物之性。自己先求「合道」，始可望人人各合於道。這一理想，照理應該是人人都能達，但實際則能達此境界理想者終不多，此即中國所謂之「聖人」。但照理論，又還是人皆可以為堯舜，人人皆可為聖人的。

中國傳統文化理想，既以個人為核心，又以聖人為核心之核心。孟子說「聖人名世」，這是說這一時代出了一個聖人，這聖人就代表了這時代。等如我們講埃及文化，就拿金字塔作代表。講中國古代文化，並不見有金字塔，卻有許多傳說中的聖人像堯舜。中國之有堯舜，也如埃及之有金字塔，各可為其時文化之象徵與代表。

在孟子書中，又曾舉出三個聖人來，說：「伊尹聖之任者也，伯夷聖之清者也，柳下惠聖之和者也。」人處社會，總不外此三態度。一是積極向前，負責，領導奮鬬，這就如伊尹。一是甚麼事都不管，躲在一旁，與人不相聞問，只求一身乾淨，這就如伯夷。還有一種態度，在人羣中，既不像伯夷般避在一旁，也不像伊尹般積極儘向前，只是一味隨和，但在隨和中也不失卻他自己，這就如柳下惠。以上所舉「任」「清」「和」三項，乃是每一人處世處羣所離不開的三態度。在此三種態度中，能達到一理想境界的，則都得稱聖人。只有孔子，他一人可以兼做伯夷、伊尹、柳下惠三種人格，孟子稱孔子為「聖之時」。因孔子能合此三德，隨時隨宜而活用，故孔子獨被尊為「大聖」，為「百世師」。

現在再說伊尹。他所處時代並不理想，那時正是夏、商交替的時代，傳說伊尹曾五就桀，五就湯，他一心要堯舜其君，使天下人民共享治平之樂，而他也終於成功了。伯夷當周武王得了天下，天下正慶重得太平之際，但他卻不贊成周武王之所為，餓死首陽山，一塵不染，獨成其清。柳下惠則在魯國當一小官，還曾三度受黜，但他滿不在乎。他雖隨和處羣，但也完成了他獨特的人格。

在論語裏，孔子也曾舉了三個人。孔子說：「殷有三仁焉，微子去之，箕子為之奴，比干諫而死。」孟子云：「仁者，人也。」此所謂「三仁」，也即是處羣得其道之人，也可說其是「三完人」，即三個人格完整的人。當商、周之際，商紂亡國了，但在朝卻有三個完人，也可說他們都是理想的人，也可說他們都是聖人。此三人性格不同，遭遇也不同。我以為比干較近伊尹，大約他是一個負責向前的，不管怎樣也要諫，乃至諫而死。微子則有些像伯夷，看來沒辦法，自己脫身跑了。後來周武王得天下，封他在宋國，他也就在宋國安住了。箕子則有些像柳下惠，他還是留在那裏，忍受屈辱，近於像當一奴隸。

此刻我們以論語、孟子合闡，可說人之處世，大體有此三條路。此三條路則都是大道，而走此三條路的也各可為聖人，為仁者。我剛才提到的三位大文學家，屈原就有些近伊尹，忠君愛國，肯擔責任，結果沈湘而死，卻與比干相似。陶淵明就如伯夷，又如微子去之。「歸去來兮，田園將蕪胡不歸」，他就潔身而去了。杜甫就如箕子，也如柳下惠。給他一小官，他也做，逢什麼人可靠，他都靠。

流離奔亡，什麼環境都處。他不像陶淵明那般清高，也不像屈原那般忠憤積極，然而他同樣也是一完人。數唐代人物，決不會不數到杜甫。

但如上所舉，這些人，尤其是「清」的「和」的，往往可以說他們多不是一個歷史舞臺上人物，他們在歷史舞臺上似乎並不曾表現出什麼來。只有「任」的人，必求有表現，但亦有成功、有失敗。失敗的有些也不成為歷史人物了。但無論如何，這些人，都是中國理想文化傳統中的大人物，他們承先啟後，從文化大傳統來講，各有他們不可磨滅的意義和價值。

四

我往年在美國耶魯大學講歷史，主張歷史必以「人」作中心。有一位史學教授特來和我討論，他說我的說法固不錯，歷史誠然應拿人作中心，但人也得有事業表現，才够資格上歷史。倘使沒有事業表現，則仍不是歷史上的人。他這番話，其實仍是主張歷史中心在事不在人。我和他意見不同，卻也表示出雙方文化觀念之不同。在西方人看來，一個哲學家，必因其在哲學上有表現；一位宗教家，必因其在宗教上有表現；一位藝術家，則必在藝術上有表現；一位科學家，則必在科學上有表現。在事業表現上有他一份，才在歷史記載上也有他一份。若生前無事業表現，這人如何能參加進歷史？然而在中國人觀念中，往往有並無事業表現而其人實是十分重要的。即如孔子門下，冉有、子路的軍事、財政；宰我、子貢的言語、外交；子游、子夏的文學著作，都在外面有表現，但孔門弟子中更高的是顏淵、閔子騫、冉伯牛、仲弓，稱為「德行」，列孔門四科之首，而實際卻反像無表現。

今且問無表現的人物其意義在那裏？價值又在那裏呢？此一問題深值探討。儒家思想正側重在這一邊。試讀中國歷史，無表現的人物所佔篇幅也極多。即如司馬遷史記七十列傳第一篇便是伯夷叔齊，此兩人並無事業表現。太史公獨挑此兩人為傳之第一篇，正因他認為這類人在歷史上有大意義、大價值與大貢獻。又如讀陳壽三國志，曹操、諸葛亮、孫權、周瑜、司馬懿人物甚多，後人卻說三國人物必以管寧為首。管寧獨無事業表現，他從中國遠避去遼東，曹操特地請他回來，他回來了，也沒幹什麼事，何以獨被認為三國時代的第一人物呢？中國歷史上所載人物，像伯夷、管寧般無所表現的歷代都有，而且都極為後人所重視，正因認為他們在歷史上各有他們莫大的意義與價值之貢獻。我不是說人不應有表現，人是應該有所表現，但人的意義和價值卻不盡在其外面的表現上。倘使他沒有表現，也會仍不失其意義與價值之所在。那些無表現的人，若必說他們有表現，則也只表現於他們內在的心情與德性上。中國古人說三不朽，立德為上，立功、立言次之，功與言必表現在外，立德則儘可無表現，儘可只表現於其內在之心情與德性上。

歷史事變，如水流之波浪，此起彼伏，但僅浮現在水流之上層。而文化大傳統則自有一定趨向，這是大流之本身。文化大流之本身就是我們「人」，人是大流本身，而沉在下層。人事如波浪，浮在上面。風一吹，波浪作了；風一停，波浪息了。而大流本身則依然。正因中國文化傳統看重此本身，所以到今天，中國歷史傳統仍還沒有斷。商亡有周；周亡有秦漢；秦漢亡了有唐宋；有元明清以至現在。歷史命脈顯然只靠「人」。政治可以腐敗，財富可以困竭，軍隊武力可以崩潰不可挽救，最後靠什麼來維持國家與民族？就因為有人。從中國歷史上看，不論治、亂、興、亡，不斷地有一批批人永遠在維持著這「道」，這便是中國歷史精神。

西方人只看重人在外面的表現，沒有注重到它內在的意義與價值。如看埃及、看巴比侖、看希臘、看羅馬，乃至看近代歐洲，他們所表現在外的儘輝煌，儘壯闊，但似乎都未免看重了外面而忽略了人本身的內在意義與價值，因此不免太偏重講物質、講事業。但物質備人運用，事業由人幹濟，而人則自有人的內容和意義。

即就語言文字論，西方人在此方面亦重外面分別，而沒有把握其在內之共同點。因此他們有少數人（man）、多數人（men），有男人（men）、有女人（Women），卻沒有一共同的「人」字。又把人分成國別，如中國人（Chinese）、日本人（Japanese）、英國人（English）、美國人（American），如此脫口而出，卻忽略了他們同樣是個「人」。用中國語言文字說來，如男人、女人、大人、小人、黃人、白人、黑人、紅人、中國人、日本人、英國人、美國人、亞洲人，總之一視同仁，都是「人」。這是中國文化中最偉大的第一點，可惜是被人忽略了。

話雖如此，中國人卻又在人裏面分類、分等級。由西方人講來，人在法律之下是平等的，但在中國傳統文化觀念之下，雖同樣是人，卻儘有其不平等。因此有好人、有壞人；有善人、有惡人；有大人、有小人；有賢人、有聖人。中國人罵人不是人，說「你這樣算不得是人」。今且試問，人又怎樣不算人？從生物學上講，五官四肢齊全便是人；從西方法律上講，人同等有權利和地位，誰也取消不了誰。從西方宗教上講，人又都是上帝的兒子。但中國人對這個「人」字卻另有一套特別定義。人家儘加分別，中國人不加以分別；人家儘不加以分別，中國人獨加以分別。此處實寓有甚深意義，值得我們注意和研究。

五

現在我將講到中國文化中一最偉大所在，仍從歷史講起。如上面講到商朝末年，以及三國時代，或者像我們今天，這都算是十分衰亂之世，但無論如何，人則總可以成一人。不問任何環境、任何條件，人則都可各自完成為一人，即完成其為一個有意義、有價值、合理想、合標準的人。換言之，人各可為一「君子」，不論在任何環境條件下，都可以為一君子。有人砍了我頭，我死了，但我可仍不失為一君子。或有人囚我為奴，但我也得仍為一君子。我或見機而作，脫身遠颺，逃避到外國去，也仍得成為一君子。

今天的中國人，一心都想去美國，若我們能抱有中國文化傳統，像箕子去韓國，管寧去遼東，朱舜水去日本，多有幾個中國人去美國豈不好？所惜的只是目前的中國人一到美國，便不想再做中國人。或者他沒有去美國，也早已存心不想做中國人。好像做一中國人，無價值意義可言。這種想法，也無非從外面環境條件作衡量。我並不提倡狹義的國家民族觀念，說生在中國土，死為中國鬼，我定該做一中國人。上面講過，中國人講「人」字，本來另有意義。在中國傳統文化之下，任何人在任何環境、任何條件下，都可堂堂地做個人，本無中國、美國之分別。而且做人，可以每天有進步。若一個人能生活得每天有進步，豈不是一個最快樂的人生嗎？而且縱說每天有進步，進步無止境，又是當下即是，即此刻便可是一完人。只在當下，可以完成我最高的理想，最完美的人格，而不必等待到以後，自然也不必等待死後升到上帝的天國，纔算是究竟。就在這世間、這家庭、這社會裏，我當下便可成一完人，而又可苟日新，日日新，又日新，日新其德，作新民，在其內心自覺上，有日進無已之快樂。一步步地向前，同時即是一步步地完成。這樣的人生，豈不是最標準、最理想、最有意義、最有價值嗎？孔子說：「賢哉回也，吾見其進，未見其止。」顏淵正是一天天在那裏往前進，沒見他停下來。顏子同門冉有，他是那時一位大財政家，多藝多能，很了不起。然他內在人格方面卻沒有能像顏淵般一步步地向前。若僅就表現在外的看，似乎顏淵不如冉有。但從蘊藏在內處的看，則冉有遠遜於顏子。這一意見，在中國一向早成定論，更無可疑的。

因此今天我們要來提倡中國文化，莫如各自努力先學做人，做一理想的中國人。若眞要如此，必然得研究中國歷史，看歷史上的中國古人是如何樣生活。這一番研究，仍該把我們各人自己的當前「做人」作中心。旋乾轉坤，也只在我內心當下這一念。君子無入而不自得，可以苟日新，日日新，又日新，有進無止。而且匹夫匹婦之愚，也同樣可以如此修行而獲得其完成。中國這一套人生哲學，可以不需任何宗教信仰而當下有其無上的鼓勵和滿足。只可惜我在這裏只能揭示此大綱，不及深闡其義蘊。但這是中國文化傳統精義所在，其實是人人易知，不煩詳說的。

今試問，如此一套的哲學，若我們眞要履行實踐，在我們今天這社會上，和我們所要努力的事業上，有什麼妨礙呢？我想這顯然沒有絲毫的妨礙。不論我們要做的是大事或小事，乃至處任何社會，在任何環境與條件之下，上面一套哲學，總之不會給與我們以妨礙，而只給與我們以成功。我們縱使信仰了任何宗教，亦不會與此有衝突。它是一個最眞實最積極的人生哲理，而又簡單明白，人人可以了解，可以踐行。

我們今天總喜歡講西洋觀念，像說「進步」，試問如我上述中國儒家那一套「日新其德」的理論，不也是進步嗎？又如說「創造」，那麼在我們傳統文化裏，也曾創造出如我上舉伊尹、伯夷、柳下惠、屈原、陶潛、杜甫等數不清的人物了。在今天我也可以日新其德，自求進步，終於創造出一個理想的「我」來。說「自由」，這是最自由的，試問作任何事，有比我自己要做一個「理想我」這一事那樣的自由嗎？說「平等」，這又是最平等的，人人在此一套理論下，誰也可以自由各自做一個人，而做到最理想的境地。說「博愛」，這道理又可說是最博愛的。人人有分，不好嗎？此所謂「苟日新，日日新，又日新，作新民」，從各自的「修身」作起點，而終極境界則達於「天下平」，使人人各得其所，還不算是博愛之至嗎？

可惜我們這一套哲學，向來西洋人不講，所以我們也不自信、不肯講。西方人的貢獻，究竟在向外方面多了些。開物成務是向外的，他們的宗教、法律、文藝、哲學等等成就，主要精神都向外。正因其向外，一旦在外面遭逢阻礙挫折，便會感到無法。而中國傳統文化則重向內，中國社會可以不要宗教、法律而維持其和平與安定。中國人生哲理可以不論治、亂、興、衰而仍然各有以自全。在歷史上，不斷有走上衰運的時期，像是天下黑暗，光明不見了，但還是一樣有人，一樣有完人。憑這一點，中國文化能維持到今天，中國民族及其國家亦能維持到今天。我們在今天要來認識中國文化，提倡中國文化，則莫如各人都從這方面下工夫。困難嗎？實在是絲毫也不困難。

我這十幾年來，到臺灣，始知有一吳鳳；到美國，始知有一丁龍。吳鳳如伊尹，丁龍則如柳下惠。吳鳳、丁龍都是中國人，是在中國傳統文化中陶鑄出來的人。他們在歷史上似乎沒有地位、沒有表現，但使我們今天又出一個太史公來寫新史記，定會有一段篇幅留與吳鳳與丁龍。諸位當知，中國社會、中國文化、乃至中國民族與中國歷史，就在像吳鳳、丁龍那樣做人的精神上建立而維持。我們只深信得這一層，可以救自己、可以救別人、可以救國家與民族。中國的文化傳統可以長輝永耀在天地間。這是我今天講這題目主要的大義。

（一九六三年七月十一日國防研究院演講，刊載於國防研究院中西文化論集。）

二　從中西歷史看盛衰興亡

一

今晚的講題，是上次講完「中國文化與中國人」後，由張先生提出，要我講「從歷史上來看中國的盛衰興亡」。我今略事擴大，改為「從中西歷史來看盛衰興亡」。大義承續前講，只是所從言之角度不同而已。

我改從中西雙方歷史來講的原因，因我幼時有一事常記心頭，到今已快六十年。那時我在小學愛看小說，一日，正看三國演義，一位先生見了，對我說：「這書不用看，一開頭就錯。所謂『天下合久必分，分久必合，一治一亂』，這許多話根本錯誤，在我們中國歷史不合理的演進下才有這現象。像近代西方英法諸國，治了就不會亂，合了就不會分。」當時那位先生這番話深印我心頭，到今不忘。那時我還不滿十歲，但今天由我眼看到西方國家像英法，也走上衰運。不僅如此，我們讀西方歷史，常見他們的國家和民族往往衰了即不再盛，亡了就不再興，像巴比侖、埃及、希臘、羅馬都是顯例。所以西方人講歷史，沒有像我們中國人所想的「天運循環」觀念。要說一治一亂，亡了再興，衰了復盛，西方人似乎沒有這信心。但中國歷史明明如此，亡了會再興，衰了會復盛，其間究是什麼一番道理，值得我們研究。下面所講，或許是我一時之想，但不妨提出，供大家討論。

我上次講，中國文化是內傾的，西方文化是外傾的。西方文化精神總傾向於求在外表現，這種表現主要在物質形象上。這可說是「文化精神之物質形象化」。其長處在具體、凝定、屹立長在，有一種強固性，也有一種感染性。一具體形象矗立在前，使人見了，不由得不受它感染，因此這一種文化力量相當大。但亦有缺點。既成了一形象，又表現在物質上，成型便不容易再改。換言之，不是繼續存在，即是趨嚮毀滅。而且物質形象固由人創造，但創造出來後，卻明明擺在人外邊，它是獨立自存了。它雖由人創造，但沒有給人一種親切感。它和人，顯成為「兩體」的存在，而且近乎是「敵體」的存在。而且物質形象化有其極限，發展到某一高度，使人無可再致力，它對我們乃發生一種頑強的意態，使人發生一種「被壓迫」、「被征服」的感覺，而那種感覺又是不親切的。因此物質形象之產出，固由於人的內心生機與靈性展現，但到後來，它可以壓迫人，使人「靈性窒塞」，「生機停滯」。因此文化之物質形象化，到達一限度，衰象便隨之而起，而且也不容易再盛。

埃及的金字塔，便是文化物質形象化之一個具體好例。今天我們去埃及，面對此巨型體製，無不感其偉大。從其偉大，可以引生出我們對自身之渺小感。縱使今天人類科學遠邁前古，但面對此成型巨製，也感到無可措力、無可改進。金字塔的建造，本也是「由小而大」逐步進展的。但最後到達一「限度」，它定了型，好像超然獨立於人類智慧與力量之外而自存自在。埃及古文化衰亡了，但此金字塔則屹然常在，脫離了它所由生的文化而獨立。

又如歐洲中古時期的許多教堂，鬼斧神工，宏麗瑰偉，也都到達了定型化，無法再進了。可見任何物質形象之偉大，必有一限度。一方面是人類文化進展而始能到達此限度。人類當時的文化精神就表現在此偉大上。但當時人類文化之無可再進，也表現在此限度上。所以物質形象化到達一限度，即回頭來壓迫人，要人自認渺小，自承無能，而人的靈性也因此窒塞，生機也因此停滯了。在耶教初期，以至在羅馬地下活動時，我們不能不承認耶教有其不可估量的生命力。但到中古時期，各地大教堂興起，不論教徒、非教徒，只要一番瞻仰，敬心油然而生。而耶教的新生命、新精神，也不能不說在向着下坡路而逐漸萎縮了。

今天跑進歐、美各地的大博物館，收藏的盡是些巴比侖、埃及、希臘、羅馬、乃至中古時期的各項遺物，要瞻仰研究他們的古文化，多半要憑藉這些遺物。這說明了他們的文化，正表現寄存在這些遺物上。若捨棄了那些遺物來直接觀察今天的巴比侖、埃及、希臘、羅馬，試問他們的文化在那裏？所以說他們的文化，偏向於物質形象化，精神外傾，衰了不復盛，亡了不再興。

二

且離開西方的古代和中古，來看他們幾個現代國家吧！我認為現代西方文化，仍然不脫其外傾性而走了物質形象化之老傳統。姑舉他們幾個大國的首都來講。這些首都建設，正也是他們文化精神外傾及其走向物質形象化的一種具體例證。

如去英國倫敦，總要瞻仰西敏寺、白金漢王宮和國會。三建築近在一區，就其歷史演變言，實從一個而演化成三個。中古時期的宗教「神權」，下及近代國家的專制「王權」，再進到現代的立憲「民權」，不到一千年來英國全部歷史上三個階段的演進，都保留在那裏。他們的歷史文化精神，正可一瞻仰倫敦這一區的三大建築而具體獲得一影像。而由一個展演出三個，又是三個共存在一塊。從這裏，我們可以進一步來看英國的國民性，是「最現實」的，又是「最保守」的，所以又最長於「適應」與「調和」。因其重視現實，一切過去現實都捨不得丟，要保守，而又要與當前現實適應調和。他們的現實主義，由一面保守、一面適應調和來完成。因此產出他們一種無理想而灰色的所謂「經驗主義」。但這一種灰色，經過歷史的長期累積，終於不得不變質。由淡灰色變成深灰色，再變，便慢慢地成為黑色，暗淡無光了。歷史積累，遂成為英國人一種負擔與束縛。英國人憑藉他們那一套重現實、重保守、重適應調和的經驗哲學，而創出他們一段光輝的歷史。但歷史要再向前，而保守有限度，從西敏寺到白金漢宮，到國會，極相異的全保留，而且像是調和成為一體了，全部歷史文化精神都從物質形象化中具體客觀地放在那裏。不論是英國人非英國人，來此一瞻仰，無不肅然起敬，覺得它了不得。困難的，是物質形象已定了型，極難追隨此下新歷史之無窮演變而前進。若要剗地改造，則是另一回事。所以物質形象化，終於要使人精神被困惑住，新生命不易再發展。

再看法國巴黎，從凡爾賽宮過渡到拿破崙的凱旋門，成為巴黎市容的中心。廣大的馬路，會合向此凱旋門而八面開展。體制定了，便苦於無法變。由拿破崙凱旋門推擴到拿破崙墓，不論法國人非法國人，一到巴黎，就會聯想到拿破崙。巴黎市的建築，就表現出法國的國民性主要乃是一種個人崇拜的「英雄主義」。由拿破崙而造成巴黎市。法國歷史光榮，在巴黎市容上表現。到今天，拿破崙陰魂不散，還控制著法國。如戴高樂，何嘗不是受着拿破崙影響而想恢復法國已往的歷史光榮呢？但這也是一種文化外傾物質形象化到達了某階段，而回頭來壓迫征服人，使人限制在此一形象上，不能再有新生機、新開展。除非革命，把巴黎市容整個破壞，從新做起。然而此一破壞，亦不易忍受。

英國人講保守，法國人講革命，都有他們一段光輝歷史，都物質形象化在他們的首都建設上，正可使我們來推測他們國運之將來。「個人英雄主義」「經驗保守主義」皆不適於新歷史之不斷向前，因此在今天而談英法兩國之前途展望，皆不免於黯澹，不使人興奮。

再看意大利，它是一新興國家，立國遠在英法之後。然而一到羅馬，首先看到許多古代羅馬的遺跡，其次便是梵諦岡教皇宮廷，以及代表「文藝復興」一段最光輝歷史的、最偉大的教堂建築。這些在意大利人精神上、心靈上是會有一種壓迫感的。倫敦巴黎，是英法人的自身表現，羅馬則是一種「先在」表現。這些先在表現壓迫著，便不易再起來一個新興的羅馬。墨索里尼法西斯政權，夢想要把古羅馬的陰魂來放進這個新興國家裏面去，曇花一現，當然要失敗。所以意大利的新生機不易成長。只看文藝復興那一時期的表現，意大利人的聰明智慧，斷不差於英法人，正因為在其境內的物質形象化已到達了某階段，遂使這一塊疆土內生機衰落，停滯不前了。

英、法、意以外，要講到德國。德國同是一個新興國。但意大利有歷史擔負，遠古西方文化之物質形象，重重地累積壓迫在它身上。德國比較是平地拔起，柏林是一新興城市，又在第二次世界大戰後整個毀滅了，此刻正在新興。在德國，物質形象化方面似乎還沒發展出一定型來，因此他的向前的生命力，似乎也比較旺盛。

現再綜述上面所講，我認為西方文化總會在外面客觀化，在外在的物質上表現出它的精神來。因此一定會具體形象化，看得見，摸得著；既具體，又固定；有目共睹，不由不承認它的偉大有力量。這一種文化，固然值得欣賞，但它會外在於人而獨立。我們遊歷到埃及，埃及古國早已滅亡，但金字塔依然屹立。歐洲中古時期各地的大教堂也如此，似乎在此以前的耶教精神都由它接受過來而作為惟一眞實的代表似的。此後的耶教心靈，卻不免為此等偉大而宏麗的教堂建築所拘束、所範圍。換言之，從前耶教精神，多表現在人物及其信仰上。此下耶教精神，則物質形象化了，人物和信仰，不能超過那些莊嚴偉大的物質建設。英、法各有一段光榮歷史，亦都表現在倫敦、巴黎兩都市之物質形象裏去了。遊倫敦如讀英國史，遊巴黎如讀法國史，至少其歷史上之精采部分揭然提示在眼前。然而，文化精神表現在物質上而定型了，便不能追隨歷史而前進。起先是心靈創出了物質形象，繼之是物質形象窒塞了心靈生機。前代之物質造形，已臻於外在獨立之階段，與後起之新生機有衝突性，舊定型吞滅了新生機，而此國家民族，乃終於要走上衰運。而且一衰就不易復盛。

再論國家體制，它們也多定了型，所以近代歐洲極難有統一之望。我們由此推想古代希臘各城邦，始終不能統一而卒為馬其頓所併，希臘燦爛文化，亦終告熄滅，此非偶然。若要在定型後更求發展，則如古代羅馬及近代歐洲走上「帝國主義」而「向外征服」，這是惟一可能的路線。但帝國主義違背歷史進程，到後仍只有以悲劇收場。故國家定了型，是除非革命，從新改造，否則擺脫不了以前的舊傳統。

三

現在代表西方文化的應輪到美國。美國又是一個新興國，其年代比較淺。從歷史來看美國，應可分四階段。我們也不必定讀美國史，只到美國各地遊歷一番，便可明白一大概。因美國不脫西方文化範圍，一切也是外在形象化的。如到康橋、到新港，哈佛、耶魯幾個大學所在地，尚可約略想像英國人最先移民來此，他們的社會村落人情生態一個簡單輪廓來。其次看美國首都華盛頓，市區計畫模仿巴黎，可是和巴黎不同。巴黎充滿著個人英雄崇拜、帝國主義的色彩。華盛頓的市區形象顯然是平民化，是民主的。市區中心是國會，向四面展開。而總統白宮則並不佔重要地位。當時美國建國那種素樸的民主作風，一遊華盛頓，還可想像到。接著是美國的西部發展，這猶如中國歷史上有「南向」發展一樣，造成中美兩國泱泱大國之風者在此。此下，就發展出一個極端繁榮的「自由資本」主義的社會，紐約市作為其代表。紐約市容，亦可謂是近代西方文化到達了一個登峯造極的階段，這是人類一奇蹟，乃是現代西方文化物質形象化之一奇蹟。這當然是近代科學工商文明一項得意的傑作。

華盛頓市代表「舊」美國素樸的，涵帶農村意味的「平等民主」精神。紐約市代表「新」美國豪華的高生活的，沉浸於物質享受的「自由資本主義」精神。這兩個中心，到今天，不見有大衝突，這誠然是美國國運之深厚處。但光看它政治、經濟，不看哈佛、耶魯這許多學校，及其各地鄉村和教堂的情形；單看它東部十三州，不看它西部發展，等於在中國只看黃河流域，不到長江流域去，同樣不易了解美國。因此到今為止，我們還難看出美國的將來。可是我們可以想像，美國實際上大部分由英國移民，雖然兩國國民性有不同，但美國幾百年來的歷史演變，由移民到獨立，而西部發展，而到現今高度的自由資本主義社會，由於「基督教」與「民主政治」與「自由資本」之三位一體而結成為一新美國，他們能兼容併包在一體之下，而亦仍然是物質形象化了，這一點，還是保有很多英國色彩。換言之，美國社會也是一個無理想的，現實經驗主義的，到今天只有三百多年歷史，再往下，歷史積累慢慢加厚，將仍不免由淺灰色變深灰色。他們亦已在全盛中潛伏衰象。我們很難想像如紐約，仍然繼長增高，更有何種新花樣出現。不僅如此，即現狀也難有長久維持之可能。今天紐約的飛機場，任何一架飛機不能按照定時起落。天空的沒有降，地上的不能升。任何一輛車，不能定時進出。首尾啣接的大批車子排長龍蜿蜒著，亦壯觀，亦麻煩。車子進了市，要找一停車處，又極難。本由最科學的發展出紐約，現在的紐約卻變成為不科學。最不能遵守時間的是紐約，交通最困難的是紐約。若我們超然置身在紐約市之外，紐約大值欣賞。但一旦進入其內，容身紐約市中，則紐約市實已是外在獨立於人生活之外，它不斷會來束縛壓迫人。總而言之，紐約市之出現，亦證明了我所說外傾文化之一切外在客觀化，物質形象化，而已到達了一限度，沒法再進展。

再看全美國的公路網，亦是一偉大壯觀。有些是八道平行，四往四來，又且上下架叠，終日夜車輛飛馳，但全國也好像被許多繩束緊緊綑紮了。幾乎盡人可有一輛車，最少一家有一輛，可以直達各家門。但你在家想買一包香煙，也得駕車去。一出大門就是公路，兩方車子對開，道路交通之發達，剝奪了人在路上之散步自由。週末和星期，有著半天一天閒，除非關門在家困坐，否則只有開車出門奔馳。若星五星一有假期，連得三天閒，就會舉國若狂，披閱明天報紙，準見因車禍死亡的統計數字。平地上的公路網，亦如大都市中的摩天大厦，同可在外面欣賞它，跑進去了，便見困縛與壓迫。

在美國，黑人是一大問題。個性伸展與羣體緊縮相衝突，如大都市集中，如公路網之綑縛，都會使個人自由窒息，也是一大問題。現狀的美國，顯然有種種隱憂。而其一往直前，趨向定型化；愈定型，將使各種隱憂愈曝著，愈難得圓通的解決。

以上講西方文化都帶有一種「外傾性」，物質形象化之逐步進展，一定會到達一限度，前面便苦無路，人的精神到時就衰下。一衰下，就沒有辦法。這些都從最簡單處講，既不是講哲學，也不是講歷史，只是些親眼目睹的情形，也說不上是創見。西方學者從經濟發展來討論文化盛衰的，如斯賓格勒西方的沒落一書，也認為大都市集中到某一限度，就轉向衰運。古代的羅馬，近代的美國紐約就有其相似處。進一步，乃有馬克思的「唯物哲學」與其「歷史必然論」。馬克思也是西方人，他對西方歷史進展不能謂無所見。固然西方全部歷史不能如馬克思那樣簡單武斷，但其有所見處，也不該全抹殺。至於我們中國人說歷史，如「天運循環」，「暑往寒來」，這一理論，西方人是不易接受的。但即拿人的生命來講，生命走入物質中，從生物學講，每一種生物，發展都有一最高限度。到人類形體，幾乎是再難演進了。人又不能不死，起初是生命依賴物質而表現，生機在物質中，但物質限制著生機，物質變化，生機壞了，生命亦跟著壞。任何生命不得不依賴物質。有物質就有死亡，生命只有轉向新物質體中去求再生。這是一個很粗淺的譬喻，但在這譬喻中，實可把中西文化歷史聯挽在一起來作說明。下面我將轉說到中國。

四

講到中國歷史的發展，似乎沒有一定型，至少是不傾向某一定型而發展。亦可說，它沒有一個客觀外在具體而固定的物質形象，可作為其歷史文化的象徵。因此，中國文化轉像是新陳代謝生機活潑。姑舉歷代首都為例，遠從商朝有沬邑，這一首都也有幾百年歷史，並相當富庶與繁榮。接著是西周鎬京，也是幾百年。秦代咸陽，體制更大。西漢長安；東漢洛陽；南朝金陵；北朝新洛陽；隋唐兩朝的兩京；北宋汴京；南宋臨安；遼、金、元、明、清的燕京、北京，各朝代各首都的物質建設，都極偉大壯麗。讀洛陽伽藍記、長安巷坊志等書，可見一斑。西方學人對此甚感興趣，只要有物質具體證據，如殷墟地下發掘，如最近長安古城遺跡發掘，以及其他古器物，他們都認為是那時文化水準的無上證明。但在我們，歷代首都，一個接一個地毀滅，在今天去遊洛陽、長安，眞有銅駝荆棘，黍離麥秀之感。俯仰之間，高天厚地，一片蒼涼，文物建設蕩焉無存。但國脈不傷，整個文化傳統依然存在。雅典毀滅了便沒有希臘，羅馬城毀滅了便沒有羅馬，今天的倫敦、巴黎不存在了，英法又如何，這就很難想像。這是中西雙方歷史文化一相異點，值得我們注意。

再講整個的國家體制，在中國亦可謂未有一定型。從遠古起，夏、商、周三代一路下來，大體言之，永是一中國。實際上，中國疆域是在慢慢地擴大而始有今天的。西方又不然，英國就是一英國；法國就是一法國。定了型，再向外，便成為帝國主義。到今天，在歐洲有羅馬、有巴黎、有倫敦、有柏林，有英、法、德、意諸國，國家雖小，歷史雖短，都像已成了型。即如他們講學問，分門別類，有組織、有系統，總愛把來定一型。不僅自然科學如此，人文科學也如此。在中國，一門學問劃分得太清楚，太定型了，反而看不起。這好像中國人頭腦不科學，然而這裏面長短得失很難言。

這一層暫不講。要之，拿今天的西方各國來回想從前希臘各城邦，我們可以說，希臘即是今天西歐的縮影，今天西歐之不易統一是可以想像的。但在中國，從春秋到戰國，以至秦代統一，其間楚國、燕國各歷八百年。齊國只統治者換了姓，實也有八百年。韓、趙、魏三晉都有三百年，宋、衛諸邦都有八百年。當時歷史最短的國家如今美國，長的如今英法。何以秦始皇能一舉把天下統一，而且此後就不再分裂。若把西方歷史作比，這就很難講。我只說：中國國家發展無定型，疆土可大可小，可分可合，立國的主要精神不在此。一個國家當然有一首都，首都當然有其物質建設，然而此非立國精神所在。破壞了，也並不傷害國家的命脈。歷史文化生命可以依然還在。從我們的歷史看，這是很清楚的。但西方顯然不同。以上只講歷史現象，雙方不同處已顯見。

因此我們可以說，中國並非沒有物質建造，物質建造則必然形象化，但與中國文化大統沒有甚深之勾聯。即是說，中國文化命脈，不表現在這些上，也不依托在這些上。其存其毀，與中國文化大統無甚深之影響。即如今天的北平故宮三大殿、天壇、北海、中南海、頤和園等建築都還存在，西方人每好憑此來欣賞中國文化，但中國人心中，則另有一套想法。孫中山先生建都南京，中國人都想新中國復興了。在極平常的心理反映上，可知必有一番道理可資闡說。

五

今且問中國文化命脈，與其傳統精神究表現寄放在那裏？上面說過，西方文化是外傾的，中國文化是內傾的，外傾的便在物質形象上表現，內傾的又在何處表現呢？易經上有句話說：「形而上者謂之道，形而下者謂之器。」「器」即屬於物質形象，形而下是說成形以後，客觀具體看得見。我上面講都市建築，也可說其都屬器。形而上是在成形以前，這叫做「道」。器可見，而任何器之形成，則必有一本源所在，那是道。開物成務屬「器」，在開物成務之上還有其不可見之「道」。因此易經上把「開物成務」都歸屬於「聖人」。聖人便是有道者，當知宮室衣冠一切文物都從道而來。但這是中國人觀念。

今且問：埃及金字塔其道何在？可知西方人所震驚重視者即在器。中國人必從器求道，苟其無道，斯器不足貴。希臘人彫刻一人像，極盡曲線之美，那亦是物質形象。中國人畫一人，重其氣韻，注意在其眸子，在其頰上三毫。這些處，都可見中西方人實在所重有不同。中國古代傳下的禮樂器，乃至一切瓷器絲織品等，專從器方面講，也都極精妙，但這裏更應注意者，在中國一切物中所包涵的關於人生意義的分數卻多過於物質意義的分數。因此中國人又要說「技而進乎道」，這是中國的藝術精神，在中國藝術之背後也必有一個「道」的存在。

中國人並不想科學只是科學，藝術只是藝術，宗教只是宗教，可以各自獨立。卻要在科學、藝術、宗教之背後尋出一「道」來，此即藝術、科學、宗教之「共同相通」處。器有成壞，舊的不壞，新的不成。這一所房子不拆，不能在此再造一所新房子。房子裏的舊陳設不拿走，新陳設就擺不進。一所房子造成即已定了型，建造工程也從此終止，不能在這所房子上再造。所以西方人要講革命，把舊的拆了造新的。中國歷史上有湯武革命，但意義甚不同。中國人認為道有「隱顯」，有「消長」。道顯固然是存在，道隱還仍是存在。如說「君子道長，小人道消」；或「小人道長，君子道消」。消即隱了，但不就是毀滅，可毀滅的即非道。中國人講道，即表現在人身上，人羣中，所以說「道不遠人」，「道不離人」。中國人所講道，主要是「人道」，即「人之道」，因此說中國文化是「人本位」的。

中國人所謂「人」，包括「個人」與「大羣」，既非個人主義，亦非集體主義。道則存在於各人，存在於社會，存在於天下，存在於歷史傳統裏。子貢說：「文武之道，未墜於地，在人；賢者識其大者，不賢者識其小者，莫不有文武之道焉。」可見道表現寄託在人。只要人存在，道就不會墜地而盡。孟子也說過：「待文王而後興者，凡民也。豪傑之士，不待文王猶興。」亂世不會無好人。世界不理想，人仍可以有理想。世界亂，人自己還可治，至少是治在他的「心」。道消而隱，舉世陷於衰亂，但道仍可以在人。人興，即道興之機緣。道興則歷史時代可以復興，而文王之世亦再見了。故說「道不行，卷而藏之」，「達則兼善天下，窮則獨善其身」。「道」與「善」，在我心裏，在我身上。因此說「文王既沒，文不在茲乎？」

我上次講中國人所謂「道」即是「文化」，即是文化中之「有價值意義」者。中國文化之內傾性，正在其把文化傳統精神表現寄托在各個人之「身」與「心」，乃以各個人為中心出發點，由此推去，到人皆可以為堯舜，到各自身修而家齊、國治而天下平。乃以「天下平」與「世界大同」為道之極限。到此極限，道仍可有隱顯消長，但道則仍在，故歷史文化可以不斷有再興與復盛。

剛才講過，外傾文化總要拿我們的聰明、智慧、技能、才力一切表現到外面具體物質上去。譬如今天美國人要送人上月球，可能十年八年眞見此事。自然要整個文化配合，各方面條件够，才能送人上月球。這是今天西方文化一大表現。我並不抹殺此種文化之力量與價值。但人上月球又怎樣，能不能再上太陽去？一方面在上月球，一方面卻共產主義、資本主義永遠對立，種種不合理的人生還存在。當前人類各項問題仍不得解決。

西方人遇要解決問題，或表現其文化偉大，每好從遠大艱難處，人所難能而已所獨能處著意用力。如古埃及人造金字塔，英國人自誇其國旗無日落，及最近美國人之要爭先送人上月球皆是。中國人又不然。遇要解決問題及表現其文化偉力，只從日常親切處，細微輕易處，人所共能處下手。我上講提到「君子無入而不自得」，雖遇無道之世，個人仍可自求有得，其所得乃在「道」。行道有得，得於己之謂「德」。德在己，別人拿不去，因此縱在大亂世，個人修德，亦可以避艱險，渡難關。國家大事也如此，如孟子告滕、告鄒，如宋儒告其君，都只從「正心」「誠意」「敬天」「修德」處求。

中國人又說：「士可殺，不可辱。」「三軍可以奪帥，匹夫不可以奪志。」原子彈氫氣彈可以屈服強敵，夷滅人之國家，今天美、蘇互怕，都只怕在此。但每人有其內心決定，有每一人之德操與人格修養，雖不表現在外，看不見，卻為外力所無奈何。中國人又說：「德不孤，必有鄰。」這一細微看不見處，卻可影響別人。「十室之邑，必有忠信如丘者焉。」「君子之德風，小人之德草，草上之風必偃。」一君子有德，慢慢地可以影響後世千萬人，使次第盡變為君子。但小人則無法影響到君子，君子則必不為小人所影響。因此一人之「德」可以變成一時代的「氣運」，氣運轉而時代就復興了。

六

中庸上講：「莫見乎隱，莫顯乎微。」最容易見的反在隱處，就在人之「心」。力量最顯著的反在輕微處，就在人的一「言」一「行」。中庸上又說：「上天之載，無聲無臭。」中國人看天，好從此無聲無臭處看，聽不見，聞不到，然而它的力量最大，可以運轉主宰一切。待具體擺出來後，那就小了，形而下的則總有限。因此中國人的「文化觀」，其基本只在「道」。道存，國家存，民族存，文化就傳下；道滅，那就完了。

所以顧亭林有「亡國」「亡天下」之辨。如西周鎬京毀滅了，秦之咸陽、西漢長安、東漢洛陽毀滅了，改朝易代，此之謂「亡國」。如何是亡天下？中國人不成為中國人，盡變成夷狄了，即是說中國人所看重的人道亡了，這叫做「亡天下」。明亡了，中國人的政權被滿人奪去，一時大賢像顧亭林、黃黎洲，都回頭注意到中國文化傳統上面去。他們不是不想對國家負責任，但這責任負不起。國家體制擺在外面，大亂局面已成，一時挽回不過來。但還有隱藏在後面的，文化大傳統，道之興亡，則寄放在每一人身上，因此每一人各有一份責任。因此其文化傳統與道究也不易亡，因每一人都可為轉移氣運扭轉時代的中心。而且這一事又是最自由最堅強，誰也奪不了你的「志」與「德」。此番話，說給西方人聽，會說你有點神秘性。這不錯，這是中國人內傾文化的說法呀！

所以我說中國文化是「個人中心」的文化，是「道德中心」的文化，這並不是說中國人不看重物質表現，但一切物質表現都得推本歸趨於「道德」。此所謂「人本位」，以「個人」為中心，以「天下」即世界「人羣」為極量。中庸上又說：「人存政舉，人亡政息。」我在幼年時，即聽人批評此說要不得。由今想來，中庸此語還是有道理。埃及的金字塔，人亡了，塔還在。一部羅馬法，羅馬亡了，法還在。中國人則更看重人，光有物質建造，光有制度法律，也無用。所以說：「人能宏道，非道宏人。」要轉移世運，責任仍在「人」身上。

中國人愛講天運循環，又說「物極必反」。物則必有極，「極」是盡頭處，物到盡頭，自然向前無路了。人之道則沒有極。人生有極是死，後浪推前浪，時代繼續向前，人物隨時轉換，那是從生物界自然界來看是如此。從人之修心養德處講，人到達為完人，不是做了完人就必然得要反。而且我在上講又提過，人要做一完人，當下現前即可做，所謂「我欲仁，斯仁至」。但也不是一為完人便到了盡頭，也還須時時不斷的「修」與「養」。做人如此，世運亦然。世運轉了，不是儘可恃，還有盛衰興亡接踵而來，但不能說道極必反。因道在人為，非必反，亦非必不反。由此講下，恐引伸過遠，暫不深講吧！

現在再講「世運」與「人物」。世運轉移也可分兩方面來講。一是自然的物極必反，饑者易為食，渴者易為飲，久亂則人心思治，那是氣運自然在轉了。但人物盛衰有時與氣運轉移未必緊密相依成為平行線。有的是新朝開始，像是氣運已轉，然而人物未盛，如秦代統一，這是中國歷史上最大一新氣運，但秦始皇、李斯這些人物並不够條件。漢高祖平民革命，又是一番新氣運，但漢初人物條件還是不够。待過七十年，到漢武帝時，然後人物大盛。也有些朝代氣運已衰，如東漢末年，而人物未衰，還是有存在，所以到三國時還有很多像樣人物。從歷史看，新朝崛起，不一定就是太平治世。而舊朝垂亡，卻已有許多新人物預備在那裏。如唐初新人物早在北朝末及隋代孕育。又如元代是中國史上一段黑暗時代，然而元朝末年孕育人才不少，明太祖一起便得用。明初人物之多，較之唐初無媿色，兩漢、宋代均不能比。明亡了，人物未衰，清人入關，那輩人物，間接直接，都影響了清初的政治。最近如中華民國開國，這又是中國歷史上一個極大新氣運的轉變，然而人物準備似乎還沒有齊全。實因清之末季，人物早已凋零了。到今已經過了五十二年，但西漢開國經過七十年，北宋經過一百年，纔始人物蔚起，何況這五十二年中，內亂外患頻乘，無怪我們這一時代，要感覺到人物異常缺乏。但氣運可以陶鑄人才，新氣運來了，自然有新人物產生。而人物也可扭轉氣運，縱在大亂世，只要有人物，自可轉移氣運，開創出新時代。

西方人看法和我們不同，他們注重物質條件。他們總說我們是落後，這幾年來臺灣，說我們進步了。究竟進步在那裏？其實也只從物質條件上衡量。進一步，問言論自由嗎？法律平等嗎？政治民主嗎？仍是從外皮形跡看。他們沒有能深一層像中國人來看所謂「道」。西方道在上帝，在天國。權力財富則在地上，在凱撒。西方人把人生分作此兩部分。現實人生則只是現實的，理想人生不在現世，在天國。希臘、羅馬、希伯來是現代西方文化三源，又加進「新科學」，遂成為現代的西方。但這幾方面，始終不能調和融合。在孔子時，若論富強，自然魯不如齊，齊不如晉。但孔子的評論，則魯在齊前，齊在晉上。此後晉分為三，田氏篡齊，魯最孱弱，但安和反較久。唐初亦有一故事：西域高昌王曾派人入貢，見隋煬帝當時物阜民豐，他覺中國了不起，奉事甚恭。隋亡，唐興，高昌王聽說中國換了朝代，再來朝，那時正經大破壞，不能和隋相比，高昌從此不再來中國。沒幾年，唐朝派兵把高昌國王捉到，高昌國也就亡了。那位高昌王也正是從物質形象表現在具體上的證據來看一個國家。他可謂是不知「道」，從而也不能好好保住他的國。

七

中國文化最可寶貴的，在其知「重道」。今再問道由何來？當然中國人一樣信有天，道是人本位的，人文的，但道之大原出於「天」。中國人雖看重人文，但求「人文」與「自然」合一，此是中國人「天人合一」的理想。不過道總表現在人身。所以人可以「參天地贊化育」。我又聽近代人常說黃金時代，其實時代不能把黃金來代表作衡量。又常說中國唐虞三代是我們理想中的黃金時代。其實中國人理想中，應該沒有黃金時代這觀念。中國人只說「大道之行」，孫中山先生也把此四字來想像新中國之將來。這一傳統觀念，我深切希望大家莫忽略。只此一端，便可使中國永存天地間。中國不亡，中國的文化傳統也永不至中斷。

「中國不亡」這句話，在今天講來已是鐵案不可移。這又要講到我小孩子時的事。我為讀到梁任公「中國不亡」這句話，才注意研究中國歷史，要為這句話求出其肯定的答案。在我小孩時，人都說中國要亡，康有為就是這樣講，波蘭、印度就是中國兩面鏡子，中國是快被瓜分了。到今天，我想不僅中國人，連全世界人，都不會想像到中國會亡，這句話已經不存在。但要中國復興再盛，卻不可專靠時代和運氣。反攻大陸，猶如「辛亥革命」，有時可以賴著氣運，而中國之真正復興，到底還在我們的「文化傳統」上，還在我們各自的「人」身上，在我們各人內心的「自覺自信」，在我們各自的「立志」上。我上講每個人不論環境條件都可做一理想的完人，由此進一步，才是中國復興再盛的時期來臨了。

道有隱顯，有消長。道之行亦有大、小、廣、狹。但道則仍是道，不能說道之本身在進步。我們豈能說孔子不如孟子，孟子不如朱子陽明，朱子陽明不如現代的外國人。中國人看法，物質經濟可以有進步，人之生活可以有進步，「道」則自始至終無所謂進步。「德」亦然，它可不論外在條件而完成。所謂「東海有聖人，西海有聖人，此心同，此理同」，不能說西海聖人定超過了東海的聖人。因此照中國文化傳統講，「量」的方面可以擴大到世界全人類，到世界大同而天下平。「質」的方面則還是這一道，道無所謂進步，因亦無所謂極限。不如形而下之器與物是有極限的。而且道，父不可以傳子，孔子不能傳付與伯魚，仍要伯魚自修自成。所以世界隨時要人來創造，永遠要人來創造。今天盛，明天可以衰；今天衰，明天仍可以盛。這是中國人看法，其責任則在我們每人各自的身上。這是我們想望中國再興復盛一最要的契機。

我這兩次講演，可以推廣來專講中西藝術比較、中西文學比較、中西物質建設的比較、中西人生哲學的比較，如是以至整個中西文化的比較。而我此兩講，雖籠統，也還親切，並不敢憑空發理論申意見，也決沒有看輕近代的西方。我只想指出一點中西雙方之不同處。我們固然應該接受西方的，但也希望西方人能了解中國的。如此下去，或許有一天，誠如中國人所謂「大同太平」時代之來臨。可惜我所講粗略，請各位指教吧！

（一九六三年八月十五日國防研究院演講，刊載於國防研究院中西文化論集。）

三　中華民族歷史精神

我們中華民族的歷史，普通從黃帝講起。西漢司馬遷史記第一篇五帝本紀，第一帝即是黃帝。從黃帝到今已五千年。五帝以前，尚有三皇。傳說緜遠，又不知有多少年。

以我民族如此悠久博大之歷史傳統，要在它裏面籀出一番「歷史精神」來，說明此一歷史傳統何以能如此悠久而博大，那豈是三言兩語可盡。而且此一番精神，不僅苦於說不盡，更苦乃在於說不出。我們的民族生命，由生長、壯大、而發展，從頭到尾只在此一番精神之內，而我們的智慧，急切間實苦於無從深入瞭解此精神。正如我們有此生命，而無法深入瞭解此生命。但我們有此生命之一事實，則為一顯然之事實。我民族之有此悠久博大之歷史傳統與其一番精神，亦同為一顯然之事實。

我自來到臺灣，登阿里山，及在其他地區，看見了許多神木。它們矗立高山頂上，經歷風霜，耐抗冰雪，綿亘著幾千年的生命，而生氣充盈，精力飽滿，我不知它們何以得有如此歷久不老之大生命！但神木矗立我前，則又是顯然一不爭之事實。我們的民族歷史，屹立在並世各民族間，矯然不羣，巍然獨出，此一種悠久博大之歷史精神，正可把我來臺所見高山神木的那種生命精神作比擬。

我因此聯想到論語裏孔子所說「歲寒然後知松柏之後凋」這句話。這句話也已流傳了兩千五百年，直到今天，成為中國社會人人俱知的一句話。但此話實具深義，我們正可即憑孔子此一句話來發揮說明我們民族的歷史精神。

春天來到，綠草如茵，弱柳如綿，桃李競艷，芳菲滿目。千紅萬紫，美不勝收。一般遊春人，賞心樂事，流連忘返。但那有人會在此際卻去欣賞松柏。一到夏天，眾木茂盛，枝葉扶蘇，生氣蓬勃，鬱鬱葱葱。那時的人，也不會獨去注意松柏身上。待到秋季，霜露已降，梧桐葉落。但一方面可愛的是果實累累，另一方面可愛的還是絢爛緋紅。人們的興趣，還不會轉移到松柏。

直要到嚴冬已屆，冰天雪地，眾卉盡枯，羣木皆落。那時候，天地間肅殺之氣已達極端，一切摧敗無遺，惟有松柏蒼翠，挺立在寒風苦雨中，而生氣盎然，因此使人知生命之無盡，而轉移心情以待陽和之重來。此事說來易知，而實不易知。孔子所說：「……然後知……」三字，便蘊藏著無窮深義，耐人深省。其中義蘊，確是大堪玩味，大堪探究。但等待說出來，則又是人人皆知。緊要者乃要在此人人皆知中，教我們去作無窮玩味，無窮探究，此其所以為聖人之言。我們千萬莫平淡視之，讓它輕易忽過。

抑且松柏亦非不凋。有豐則必有枯，有盛則必有衰，有榮華則必然有凋零。此乃天地間生命界一共同現象，一共同通則。松柏亦有凋時，只其凋，較眾木之凋則在後。而且舊葉未謝，新葉已萌，雖有凋而若不凋。故松柏之凋，不僅在眾木之後，抑且讓人不易見，遂羣認為松柏不凋。所以我們說松柏長青。孔子特地指點出此一人人共知的生命現象，教人來透悟其中之生命通則。中國人接受孔子教訓，人人盡知在新春盛夏清秋之後，必然會有嚴冬之來臨。方其在新春盛夏清秋時，卻先已為嚴冬作準備。易經乾卦上說：「先天而天弗違，後天而奉天時。」一人固不能違天行事，但即在天時之後行事，只要能率順於天，即是以人合天。天有常，則人亦隨之有常。因於天時有常，我們還得在天時之前行事，天時接踵而來，反若天在人後，而不違於人，人不變則天亦隨之不變。

現在再回到上面所講「松柏後凋」的一番話上來。天地有春、夏、秋、冬四時之變，此即是天地之「常」。有常則必有「變」，而變中則仍見其有常。桃李爭春，一時盛極得意；但隆冬來臨，在春時那一番盛極得意的桃李，到此不免要衰敗。此亦是一種「後天而奉天時」。但萬物生命究與天地不同，經不起那一時時的驟盛驟衰，與倏起倏落。所以最多經歷了幾十寒暑，此等桃李生命便會枯竭而盡。只有松柏，好像在和煦春陽中，萬卉羣木爭盛之際，而早已作準備。它雖不能如萬卉羣木之隨時而爭變，而獨能超出乎萬卉羣木之外，卓立乎四季之中，以守常而待變。故松柏長青，乃獨有其千百年經久之大生命，此則可謂是一種「先天而天弗違」。

我中華民族，正為能遵守孔子古訓，看重松柏之後凋，而輕視了桃李之爭春。我中華民族五千年來之整部歷史，其間亦不乏盛時，但一輩先知先覺，都能教人保泰持盈，適可而止，不為已甚。知亢龍之有悔，每思患而豫防。及其遭逢挫折，陷處困阸中，乃仍能自強不息。所以我中華民族五千年來的整部歷史，乃常是一部居安思危，履險若易的歷史。惟其能居安而思危，所以能履險而若易。惟其不作春風之得意，所以亦不面對嚴冬而喪氣。

讓我們舉幾件歷代傳述的故事。遠在夏少康時，他有田一成，只十里之廣；有衆一旅，只五百人之多，能布其德而兆其謀，終以中興夏業。此事尚遠在孔子前。及孔子以後，吳滅越，越王勾踐身臣妾於吳者三年，及其反國，苦心焦思，臥薪嘗膽，二十餘年，終以覆吳。此事則在春秋末，戰國初。又其後，燕滅齊，只賸莒、即墨兩城，齊王在莒，田單在即墨，終敗燕師，興復齊國，此事亦尚在先秦。

上之三事，膾炙人口，亦幾乎盡人皆知。自茲以往，我中華歷史，擴展日益廣大，衍變日益繁複，而所遇艱困，乃至其躓而復起，仆而復興，大盛衰，大治亂，大存亡，以上述三事較之，則誠然渺乎其小。然而事體雖異，事理則同。我中華民族之歷史精神，見之承平盛世者，往往反不若其見之危難亂世之更為壯旺而健伉，堅強而有力。亦如松柏之長青，並不見異於陽春和煦之日，而更益見異於嚴冬大寒之天。所以由吾儕今日之處境，而來探究玩索我民族五千年來此整部歷史之傳統精神，亦將更見為親切而多味，融洽而易入。

抑且不惟時代為然，即人物亦復如是。孔孟以下，大聖大賢，出於衰亂世者，實更盛更大於承平世。其以失敗終其身者，乃亦益受後世尊崇，勝過於成功之人物。如孔子在春秋，孟子在戰國，何嘗非一失敗之人物。其本身，固是未嘗得志。在其當時，亦何嘗得其救濟。然而闇然於一世，乃彰顯於萬代。尺蠖之屈，以求伸也。龍蛇之蟄，以存身也。聖哲大賢，固不為存身謀，但其處亂世而抱道不屈，不汲汲於一時之功利，而實為民族萬代求存身。松柏之在春時，方當萬花競艷，豈不亦見其為屈為蟄。孔子後凋之訓，深矣遠矣。以此治我中華民族五千年歷史，庶乎可見其精神之所在。

又如關羽、岳飛、文天祥、史可法，此等人物，皆受中國社會人人奉仰。在中國歷史上，建大業成大功之名將亦何限。在當身，固是功名煊赫，在其當時，亦復對國家社會有大貢獻，得大福利。然而我國人之崇拜失敗英雄，則尤益加甚。豈不以彼輩之功業，亦如三春桃李，而此輩之風烈，則如嚴冬松柏。我民族之常能在天寒、地凍、堅冰、厚雪中屹立無恙，正是憑此番心情與此種精神之有以致之。

我民國建國六十年來，乃至追溯其開國前之數十年，我民族亦正處在一天寒、地凍、堅冰、厚雪之時代中。乃我國人，於我先聖大訓，多數漫焉忽忘，未能加深體認。競羨他方桃李之艷，轉厭本身松柏之貞。不僅常此懨懨，轉復增其懵懵。今日者，事益急，禍益深。所幸乃是我民族此五千年來整部歷史之傳統精神，久已浸灌融凝在我民族每一分子之血液中。松柏雖亦有凋時，只要此精神重再抖擻，此血液再活潑運行，我民族此五千年來之貞固生命，當會依然如故，健壯猶昔。

我常憶某年遊西安，入一古寺，極荒破，僅一老僧。大殿前廣院中一老柏一夾竹桃相對。我問僧，此處為何栽一夾竹桃，成何體統？僧云：「我已老病，補栽柏樹，不知何年見其成長。夾竹桃，今年種，明年即有花可覩。」我申斥之，謂：「大殿前種松柏，供殿上佛菩薩看，不是要你看。」老僧淡然木然，不語不動。我們此六十年來，多數人乃如此古寺老僧，急要眼前看花，卻不作長久像樣的打算。激變而成今日之大陸，赤禍橫流，千百年古松柏，斬伐惟恐不盡。翻土掘根，無所不用其極。好讓遍地空出種夾竹桃，轉瞬間望其繁花盈目。卻稱之曰「文化大革命」。不悟我民族五千年歷史的傳統精神，豈容少數人一時狂妄，便得輕易斬斷。天愈寒，地愈凍，冰雪愈堅厚；到此時，萬卉羣木，均已萎枯，惟有松柏，蒼翠益顯。我已在上面說過，在春、夏、秋三時，松柏固亦有不如其他卉木處，至其後凋精神，必待歲寒，始為人知。今天則是這時候了，謂予不信，請以我民族此五千年歷史來為我作證。

實亦不必遠證於歷史，儘可近證之當代。國父孫中山先生提倡「三民主義」，正是此時代之先知先覺，在晦盲否塞中，露此一線陽光之照射，透此一道清風之飄拂。令此一時代，豁然爽朗。中山先生亦何嘗不知時風眾勢之急切難移，乃不禁發為「知難」之歎。然前仆後繼，追隨革命舍生殺身，成仁取義者，一時何可計數。蔣公繼之，從事北伐、統一、抗日、反共，畢生在艱難困苦中奮鬪，境愈險而氣益厲，勢愈挫而志益貞。國人之相隨以赴湯蹈火，死不旋踵，肝腦墮地，義無反顧者更何限！我們只觀此民國建國六十年歷史之所表現，豈不仍是我中華民族五千年整部歷史傳統精神之存續。雖歲之寒，松柏長青，先天而天弗違。一旦陽和重出，國運回蘇，此下的新歷史，則仍必在我民族此五千年整部歷史傳統下生根發脈，是則後天而奉天時，貞下起元，乃必有之現象。余敢略述斯義，以企望此轉變之來臨！

（一九七一年十二月中央月刊四卷二期專載）

四　晚明諸儒之學術及其精神

一

昔在北宋時，大教育家胡瑗，講學蘇、湖，實為中國近代高等教育之開始。當時已有分齋規制：一為經義齋，一為時務齋。「時務齋」即為講求政治社會人生一切實際康濟之事業；「經義齋」則為此諸種事業之最高理論與中心信仰之淵泉。一時人材蔚起，稱美千古。現在本團課程，於各項實際有關康濟事業之上，有總裁精神訓話，又有革命哲學，實與胡安定蘇、湖講學經義、治事分齋並修之意相仿。

所謂革命哲學，大體言之，凡屬哲學應為革命的，最哲學者即為最革命者。否則陳陳相因，蹈故襲常，永遠是一個老套，何名哲學？因此哲學必帶革命性，而革命事業之發動，其背後必為一種哲學精神，亦斷無可疑。但既講革命哲學，則似乎只講總理遺教、總裁言行即得，何以又要講到中國古先哲人之傳統思想？這裏有一層應加闡說：因革命同時即是傳統，二者實一非二。若僅有革命而無傳統，試問何處復有國家，何處復有民族，何處復有歷史，何處復有文化？國家、民族、歷史、文化，根本上都是一個傳統。

即以人生言之，「苟日新，日日新，又日新」，人生實際便應是一個革命。但到底有一個「人格」，有一個「我」在，此即所謂傳統。故知「革命」「傳統」實屬一事。只要現在成為傳統，在過去一定是革命的；只要現在眞够得上革命的，在將來也一定成為傳統的。我們當以革命來光大傳統，亦應以傳統來培養革命。這是從歷史上的看法。

若從心理上看，則只要我們精神一振奮，便見傳統無非革命。若我們精神一懈弛，便見革命盡成傳統。這應該是「革命哲學」之最要義，亦即「人生哲學」之最要義。

二

讓我們先一看晚明時代。任何一時代的學術，大體都賴外力扶護而在良好環境下產生，獨晚明諸老所處時代特為不同。他們的學術，乃在外力極端摧殘壓迫下成長。他們的精神，純為一種對時代反抗、對環境奮鬥的精神，可說是一種最艱苦最強毅的革命精神。

繼此我們可以一看晚明諸老之生活。諸老生活之最著的特徵，厥為「艱苦」與「強毅」，分析論之：

第一：當注意其立心之誠。

第二：當注意其制行之苦。

第三：當注意其為學之篤實與廣大。

第四：當注意其著作之閎富與精美。

當知諸老為學，乃純粹為國家民族之無限生命著想。唐人詩：「前不見古人，後不見來者，念天地之悠悠，獨愴然而涕下。」此詩眞可謂是晚明諸老心境之絕好寫照。試問他們除卻為國家民族無限之生命外，尚有何事？苟非立心之誠，曷克臻此！

至於制行之苦，則只須一想當時環境，便已不問可知。若求仔細知道，可看各家行狀碑傳與年譜等。大體上可說無一人不可歌泣，亦無一人不於萬死一生中精光炯然。若把他們環境一為分析，約略可分南、北兩方說之。明末的北方，先受流寇之禍，繼則滿清入關，社會生產整個破壞，他們多半受到經濟上極窮苦的壓迫。南方諸儒家世比較優裕，但是莫不參加民族復興工作，因此受政治上的壓迫多些。大抵牢獄流亡飢寒孤寂，是晚明諸儒生活上的特色。

論其為學之篤實廣大，與其著述之閎富精美，則待下文再詳。

我們除卻此四層，要另拈一小節論之，厥為晚明諸老之各臻大壽。此層雖若小節，然正可由此窺見諸老精神之一斑。舉其著者，孫夏峯年九十二，黃梨洲八十六，李二曲七十九，胡石莊七十五，王船山七十四，顧亭林、顏習齋七十、張楊園六十四，陸桴亭六十二。當時第一流學者絕少在六十以下的。當知吾人一生壽命，論其結果，則有關於其對於國家民族大業之貢獻；論其原因，則人之壽命，實由其人內心之堅定，外行之純潔，意志力之強毅，全部人格之調整，始獲享有高齡。今日我們要學晚明諸老，不僅要學其立心，學其制行，學其治學與成業，更應學其生命之堅強與康寧。此種堅強康寧之生命，卻在千辛萬苦中鍛鍊打熬而來，並非安富尊榮，太平優遊，由物質享受之舒適得之。只此一層，便應為我們講革命哲學者之所仰慕與學習。

我們再進一步，應講到晚明諸老學術上之特徵。諸老學術：

第一：當注意其修學與為人之合一。

第二：當注意其學術與時代之合一。

第三：當注意其傳統與革命之合一。

一言蔽之，晚明諸老之學，可謂是已達「明體達用」、「內聖外王」之境界。

三

說到此處，我們應該一述晚明諸老學業成就於中國整個學術思想上之地位。

中國上古學術，其最大結集期在春秋末期乃至戰國，今稱先秦諸子是也。其到達最高境界者為儒家。論其功績，在他們手裏，實完成了中國民族之大一統，創闢了中國文化之大規模，奠定了中國人生哲學之大趨向。此下是漢唐諸儒。漢唐乃先秦思想之實施時期。先秦儒家的思想，都在漢唐時代次第實現。但其間有一波折，東漢末年以下，中國衰亂，莊老思想盛行，佛教流入。及隋唐復興，雖則政治制度社會組織各方面，依然承接兩漢規模，而關於人生哲學及思想方面，則大體為佛教與莊老之勢力。因此隋唐時代常不免有人生事業與人生觀念不相融洽之痛苦。由此乃有宋明新儒學之興起。宋明儒家對於政治社會實際康濟方面，其貢獻未能遠超漢唐，但在人生之思想與理論方面，則實有消融佛老、復興儒學之大功。在他們手裏，始再獲將實際的人生與觀念的人生打成一片。因此我們可以說：漢唐諸儒在政治上用力多些，而宋明諸儒則在教育上用力多些。「政治」與「教育」，實為中國傳統人生哲學上最注重之兩點，亦即中國傳統人生哲學中最精美之兩點。若把前面所用語分說，漢唐是偏於「外王」，「達用」的工夫多些；宋明則偏於「明體」，「內聖」的工夫多些。及至晚明諸儒，因其處境適當國家民族生命絕續之際，逼得他們不得不從頭對於漢、唐、宋、明以來之政教精神通體反省，來一個總檢討，來一個總評判，再來定他們的新方向與新精神。因此他們學術特徵，可分四點述之：

第一：是歷史的反省。

第二：是哲學的綜合。

第三：是政治社會各部門之實際應用。

第四：是倫常日用身心方面之躬修實踐。

他們能在國家民族無希望的時代，重新給我們以一個希望；在國家民族失卻自信心的時代，重新給我們以一個信仰；在國家民族前途艱難困苦無辦法無出路的時代，重新給我們以辦法與出路；而且他們所給我們的希望、信仰、辦法與出路，能在他們自己身上確切表達出一個象徵來。因此我們可以說：晚明諸老之學業成就，實在又是一個大結集，為漢、唐、宋、明以來之大結集。他們確能綜合傳統與革命於一途；他們確想以革命來光大傳統；他們亦確實是在傳統中培養出來的革命。雖因時代關係，他們的革命力量，沒有能十分發揮得出，但他們確已播下了革命的種子。直到二百年後的「辛亥革命」，晚明諸老，實有他們精神上極大之啟導與助力。

四

現在再說到晚明諸老學業成就之境界與內容。

第一：是他們個人人格之偉大。

尤其是他們各就個性獨特處發展出他們各自獨特的光輝與規模。若以南方學者論之，則梨洲近狂，亭林近狷；若以北方學者論之，則習齋近狂，二曲近狷。楊園譏梨洲為近名，二曲誡亭林以反約，他們的行誼與學術蹊徑，儘不妨各自不同，而各成其為曠世之大賢。

第二：是他們為學目標之正確。

顧亭林先生所謂「明道救世」，「天下興亡，匹夫有責」，實可說是他們的共同標語。

第三：是他們學問門徑之廣博。

晚明諸老，學業各有專長。大體言之，梨洲長於經史文獻，照現在目光說來，可謂是一個史學家。亭林長於禮俗政制，照現在目光說來，可謂是一個社會學家。船山善言天人心性，照現在目光說來，可說是一個哲學家。習齋提倡事物習行，照現在目光看來，是一個抱有新理想的教育家。他們可貴的是能各就個人才性而成其絕特之造詣。更可貴的，在於他們各自能在他們絕特的造詣之上，都能直探大道之來源處。亭林特拈「行己有恥」「博學於文」二語懸為學的。他說：

> 自一身以至於天下國家，皆學之事也。自子臣弟友以至出入往來辭受取與之間，皆有恥之事也。士而不先言恥，則為無本之人。非好古而多聞，則為空虛之學。以無本之人而講空虛之學，吾見其日從事於聖人而去之彌遠也。

晚明諸老，至少全可說是博學的，至少全可說是知恥的。現在的我們，學則不尚通博而貴專門，行則不尚謹嚴而取通侻，正好與晚明諸老的風尚相反。這一點是值得我們反省的。

第四：是他們指示為學方法之親切。

梨洲、亭林為清代二百四十年學術界所推崇。梨洲乃浙東史學之宗主，亭林則為浙西經學之鼻祖。亭林日知錄自比「采山之銅」，其書精博，有清一代考據之學，全從此出。梨洲謂：

> 學必源本於經術，而後不為蹈虛；必證明於史籍，而後足以應務。故學者必先窮經。然拘執經術，不適於用，欲免迂儒，必兼讀史。

又說：

讀書不多，無以證斯理之變化；多而不求於心，則為俗學。

這幾句話，也可說是晚明諸儒為學之共同態度。梨洲、亭林為後來學界開闢了許多新方向，而船山與習齋則對晚明六百年傳統理學偏弊之處頗有糾正之功。船山從心性精微處，習齋從事物粗大處，各有發揮，使後人勿再入歧途。這可說更是晚明理學家功臣。

第五：是他們著述之精勤與美富。比如船山一家，即有近八十種三百萬言之多。而亭林著肇域志，自稱閱志書一千餘部，其勤可想。現為學者研討此諸家之便利計，姑舉其最重要必讀書數種如下：

一、梨洲　應讀其明夷待訪錄。此書僅二十篇，先為原君、原臣、原法，發揮政治上最高原理，次以置相、學校、取士、建都、方鎮、田制、兵制、財計各篇，對中國自秦以下政制積弊，扼要論列，並開新方案，於清代為禁書。辛亥革命前後，幾於人手一卷，為當時國人所傳誦。次則明儒學案。此書為治明代理學者必讀之書，而梨洲自己哲學見解亦盡在此中，學者可自擇愛誦者細讀之，其他則瀏覽。

二、亭林　應先讀其日知錄。此書三十三卷，為亭林最精最大之著作。上篇經術，中篇治道，下篇博聞。自謂：「有王者起，將以見諸行事，以躋斯世於治古之隆，而未敢為今人道也。」又與友人書謂：「別來一載，早夜誦讀，反復尋究，僅得十餘條」，其精可知。其中自八卷至十二卷皆言政治方面，而十三卷論風俗，尤為全書警策用意所在。學者應通讀全部日知錄來讀通他的第十三卷，尤應通讀晚明諸老著述來讀通日知錄的第十三卷，又應通讀中國古今哲學與歷史書籍會通之於當代見聞，來讀通日知錄之第十三卷。否則若草草讀過，將不見其精義所在。初看可擇自己喜好者分卷讀之。次讀亭林之詩文集。亭林詩文極高峻雅潔，全部人格精神具可由此體會而得，讀之可以激厲志氣陶冶性操。再次可看天下郡國利病書。此書體大思精，可以瀏覽。

三、船山　船山著作最多，難遍讀，可先讀其俟解。此僅一卷書，而中多極精闢語，即此反復循誦，便可得船山精神。次讀其讀通鑑論與宋論。船山引史事自申其哲學見解，讀者最好與通鑑同讀，先泛覽，擇愛誦者精讀之。其他如周易外傳、詩廣傳、尚書引義三種，船山引古經典借題發揮，中多精警語，可泛覽，擇愛誦者精讀之。

四、習齋　治顏學最好先看年譜，顏先生精神笑貌具在此矣。次讀顏氏學記，此書簡要。

五、桴亭　桴亭思辨錄，昔人以與日知錄並擬，亦可擇要分卷讀之。

六、二曲　讀二曲先生語，如讀陸象山語，可以激厲人志氣。全書皆可瀏覽，擇愛好者細繹之。卷末附事狀，可見其人生平，取與語錄相發。若不深熟其為人，則其下語精神亦不活躍矣。

以上略舉數種，俾易入門。拙著近三百年學術史，對顧、黃、王、顏四家有所闡述，可先看。近編清儒學案，對諸家語錄摘錄較詳，讀余學案，可免翻讀諸家全書之勞。①

五

現在要說到晚明諸老與「三民主義」之關係。

第一：講到民族主義。

晚明諸老均抱極強烈的民族觀念，而其最偉大的貢獻，則在他們對於民族文化精神之發揚與光大。一民族自身特有的文化，便是其民族生命之靈魂。無文化則民族無靈魂。無文化無靈魂的民族終將失其存在。欲求民族永生，只有發揚民族自身特有之文化，使之益臻完美。這一層，晚明諸老見之極切，而所貢獻之成績亦極大。

第二：講到民權主義。

晚明諸老對中國傳統政治制度，皆抱一種徹底革新之主張；而其立論根源，皆能從民權方面著

---

① 編者按：先生清儒學案一書，寫於民國三十一年對日作戰時期。完稿後，交國立編譯館。未及付排，勝利來臨，於復員遷徙中，裝稿箱沉落江中。現僅存一序，近又覓得柳詒徵先生清儒學案摘鈔一文，一併收入中國學術思想史論叢（八），讀者可參考。

想。尤其是梨洲、亭林兩家，他們均有極詳明的方案。大抵梨洲注重提高相權與清議之地位。其理想中相權與清議之實用，大體有似近代西方之責任內閣與國會。梨洲謂自秦以下國家立法「乃一家之法，而非天下之法」，故主以最高行政職權操諸宰相，而「治天下之具皆出於學校」。「天子之所是未必是，天子之所非未必非」，而公是非存於學校。此等議論，皆能從政治組織之最高機構上立論。而亭林則注重下層機構，尤行行著眼於縣行政與地方自治。嘗謂：

> 人聚於鄉而治，聚於城而亂。

又謂：

> 小官多者其世盛，大官多者其世衰。

此等意見，正與梨洲議論，可以相得益彰。一注意在政治之上層，而一則注意其下層。大抵梨洲近似東漢人態度，而亭林則近於西漢。船山有云：

> 不以一人疑天下，不以天下私一人。

尤為抉發中國自秦以下政治心理上之大病害。梨洲、亭林兩家，正為矯正此「私天下」與「疑天下」而發也。

第三：講到民生主義。

這一方面特別是船山、習齋、亭林三家貢獻為大。他們不僅注重於生產（富），尤能注重於分配（均），更能進而注重於消費方面之合理性，即民生享用方面之文化的意義與價值（禮與文、風俗與教育），此乃中國傳統文化之最精美處。所謂內聖外王，「王」應於此等處注意也。船山嘗言：

> 庶民即流俗，流俗即禽獸。

可見民生主義不是專講生活享受即得，故船山又謂：

> 先王裕民之衣食，必以廉恥之心裕之；以調國之財用，必以禮樂之情調之。

又曰：

養其生理自然之文而修飾之以成用者，禮也。

這些話均是極可珍貴的意見。習齋生平講學，專重兵、農、禮樂三項，常謂：

有用我者，將以七字富天下，曰「墾荒，均田，興水利」。以六字強天下，曰「人皆兵，官皆將」。以九字安天下，曰「舉人才，正大經，興禮樂」。

在兵農富強之上，更注意到禮樂與安天下，此誠中國傳統民生主義之最高精義也。亭林亦謂：

目擊世趨，方知治亂之關，必在人心風俗；而所以轉移人心，整頓風俗，則教化綱紀為不可缺矣。

又曰：

後世君臣上下懷利以相接，為治者宜何術之操？曰「尚名」，尚名之治，即不無一二矯偽之徒，猶愈於肆然而為利。

故亭林特重「風俗」與「名教」，嘗曰：

清議亡，干戈至。

匯合此三家對民生問題之意見，實大有可供吾人今日參考之價值也。

現在綜括上面所說：晚明諸老他們已為中國傳統文化與歷史作一個總反省、總批評，他們又為中國將來之政治與社會開一個新方案與新理想。可惜在滿清政權壓迫下，除卻他們自身人格方面有光輝之表現外，其對政治社會一切意見，則未見實施。現在我們身當三民主義革命建國之大時代，我們欲對中國已往傳統文化與歷史作一個反省與批評，我們能對將來政治社會提一個方案與理想，則二百四十年前晚明諸老努力的成績，實在有供我們參考與師法之價值。至其人格之堅貞篤實，光輝博大，更足為吾人有志參加此革命建國之偉大工作者所模仿所崇拜。是這一次特別提出晚明諸老之學術精神來介紹於諸位之宗旨。

（民國三十二年重慶黨政高級訓練班講演，刊載於是年六月中央訓練團團刊一八三期。）

《錢穆先生全集》總書目

甲編

國學概論
四書釋義
論語文解
論語新解
孔子與論語
孔子傳
先秦諸子繫年
墨子　惠施公孫龍
莊子纂箋
莊老通辨
兩漢經學今古文平議
宋明理學概述
宋代理學三書隨劄
陽明學述要
朱子新學案（全五册）
中國近三百年學術史（一、二）
中國學術思想史論叢（全十册）
中國思想史
中國思想通俗講話
學籥
中國學術通義
現代中國學術論衡

乙編

周公
秦漢史
國史大綱（上、下）
中國文化史導論

中國歷史精神
國史新論
中國歷代政治得失
中國歷史研究法
中國史學發微
讀史隨劄
中國史學名著
史記地名考（上、下）
古史地理論叢

丙編

文化學大義
民族與文化
中華文化十二講
中國文化精神
湖上閒思錄
人生十論
政學私言
從中國歷史來看中國民族性及中國文化
文化與教育
歷史與文化論叢
世界局勢與中國文化
中國文化叢談
中國文學論叢
理學六家詩鈔
靈魂與心
雙溪獨語
晚學盲言（上、下）
新亞遺鐸
八十憶雙親師友雜憶合刊
講堂遺錄（一、二）
素書樓餘瀋
總目